Colección
Aula Activa

cooperativa editorial
MAGISTERIO

Montenegro Aldana, Ignacio Abdón
    Aprendizaje y desarrollo de las competencias / Ignacio Abdón Monte-
negro Aldana. — Bogotá : Cooperativa Editorial Magisterio, 2003.
    160 p. ; 24 cm. — (Colección Aula Abierta)
    Incluye bibliografía.
    1. Evaluación por competencias 2. Competencias (Educación)
3. Métodos de enseñanza I. Tít. II. Serie
378.16 cd. 20 ed.
AHQ3934

CEP-Banco de la República-Biblioteca Luis-Ángel Arango

Aprendizaje y desarrollo de las competencias

Ignacio Abdón Montenegro Aldana

Colección Aula Activa

APRENDIZAJE Y DESARROLLO DE COMPETENCIAS

Autor
© *IGNACIO ABDÓN MONTENEGRO ALDANA*

Libro ISBN: 978-958-20-0723-2
Primera edición: 2005
Segunda edición: 2011
Reimpresión: 2018

© *COOPERATIVA EDITORIAL MAGISTERIO*
Diagonal 36 bis # 20-70 *(Parkway la Soledad)*
PBX: 3383605
Bogotá, D.C., Colombia.
www.magisterio.com.co
info@magisterio.com.co

Dirección General
ALFREDO AYARZA BASTIDAS

Contenido

Presentación

La educación por competencias es un enfoque que se ha venido configurando en los últimos años con el fin de dar respuesta a las nuevas expectativas de la sociedad moderna. Los educadores en ejercicio y en formación, compartimos con la sociedad, la preocupación de cómo formar personas competentes, que se desempeñen con éxito en cualquier escenario de la vida. El propósito del presente libro es aportar elementos teóricos y metodológicos para el aprendizaje y desarrollo de las competencias en el entorno institucional. Por ello, a manera de introducción, se analizan las competencias como enfoque educativo. El capítulo 1 se centra en la naturaleza del aprendizaje y del desarrollo; en el 2, se orientan las aplicaciones pedagógicas a través de estrategias metodológicas y experiencias de aprendizaje.

El mundo de hoy se mueve en un ambiente de grandes desequilibrios y oportunidades. En este contexto, surge un nuevo reto educativo: formar personas competentes que actúen en los diversos escenarios y al mismo tiempo configuren sociedades más equilibradas. Esto implica una educación concebida como un proceso de promoción humana, orientada a nuevos y mejores modos de pensar y de actuar. Ser competente significa saber hacer las cosas y saber actuar con los demás, comprendiendo lo que se hace y asumiendo de manera responsable las consecuencias de las actuaciones. En estos términos, el gran propósito del proceso educativo se puede concretar en el aprendizaje y desarrollo de las competencias básicas.

Un primer problema a considerar es si las competencias se aprenden o se desarrollan. Los procesos de desarrollo implican diferenciación, integración, articulación y crecimiento. El aprendizaje se considera como el proceso a través del cual se adquiere conocimiento y éste evoluciona. Probablemente, el aprendizaje siga las mismas leyes del desarrollo; en todo caso ambos están íntimamente comprometidos en la formación de las competencias. La interacción y la motivación son los factores principales que determinan el aprendizaje, el cual ocurre en una dinámica caracterizada por procesos de equilibrio. En esta dinámica se hallan inmersos algunos principios que rigen el aprendizaje y que aparecen a manera de constantes.

El segundo problema a considerar está relacionado con el cómo se aprenden y se desarrollan las competencias. Por esto, el nuevo rol del docente está orientado al diseño de ambientes y de experiencias de aprendizaje. Los ambientes físicos agradables junto con los ambientes humanos ricos en relaciones de cooperación y armonía predisponen al aprendizaje. Las estrategias cognitivas se orientan a la comprensión y aplicación de conceptos; las metacognitivas, a la toma de conciencia y control del proceso cognitivo por el sujeto que aprende. Las experiencias de aprendizaje son actividades estructuradas en las cuales se usan estrategias metodológicas para asegurar los logros.

La metodología empleada en el libro permite un buen nivel de interactividad con el usuario. Cada capítulo se inicia con una reseña de las ideas básicas y la presentación del horizonte conceptual. Se plantea el problema y luego se desarrolla en forma cuidadosa mediante un lenguaje explicativo y argumentativo. Se exponen ejemplos y se estudian casos con el fin de afianzar la comprensión de la realidad educativa a partir de las formulaciones teóricas. Después, se presentan las conclusiones, en una actitud propositiva, brindando al docente orientaciones certeras para abordar la tarea educativa. Por ello, se sugieren algunos ejercicios de aplicación y de profundización, para que el docente pueda realizar una valoración de sus competencias pedagógicas. Las referencias bibliográficas presentadas al final proveen las fuentes de información complementaria sobre la temática tratada.

Este es un libro exclusivo para docentes en ejercicio o en formación que deseen comprender los problemas básicos que subyacen a la labor docente y que por ende, quieran mejorar, en forma significativa, sus prácticas pedagógicas.

Introducción

La educación por competencias

En los últimos años se ha venido configurando el enfoque de una educación por competencias, como una propuesta que pretende solucionar las carencias de los procesos educativos. Para examinar de manera cuidadosa esta posibilidad se intenta plantear los problemas de fondo que subyacen a la educación. En un esfuerzo por aportar soluciones a estos problemas se analiza el concepto de competencia y su relación con otros conceptos como habilidad, destreza, aptitud, capacidad, actitud, inteligencia, aprendizaje y conocimiento. Se indaga si es posible plantear unas competencias básicas y cuáles serían. Finalmente, se analizan sus implicaciones en relación con el sistema educativo.

El problema central de la educación

Si pretendemos indagar qué tanto puede aportar un enfoque por competencias a la solución de los problemas educativos; es preciso caracterizar la educación, su relación con la cultura y definir su papel en la convulsionada civilización en la cual vivimos. A través de la historia, la educación ha sido el medio a través del cual se reproduce la cultura. La cultura es conocimiento colectivo, está constituida por una serie de realizaciones como la ciencia, la tecnología, el arte, el deporte, la recreación. Forman parte, además, los modos de pensar, las costumbres y en general, todos los patrones de comportamiento colectivo. La educación no solamente reproduce los valores de la cultura; también cuestiona las creencias, los modos de vida y las estructuras sociales. La educación recrea la cultura; retoma aquello que considera valioso y crea nuevas formas de pensar y de actuar. En síntesis, la educación reproduce y transforma la cultura. A través de los procesos educativos también se incorporan los individuos a la sociedad y se vislumbran nuevos modelos de organización social.

Lo anterior es válido desde el punto de vista teórico; sin embargo, los hechos educativos muestran otras tendencias. Los niños y los jóvenes pasan buena parte de sus vidas dentro de las instituciones educativas; y al parecer, no logran posteriormente incorporarse a la vida social y productiva de manera exitosa; no consolidan un proyecto personal que les permita resolver a satisfacción el problema de supervivencia.

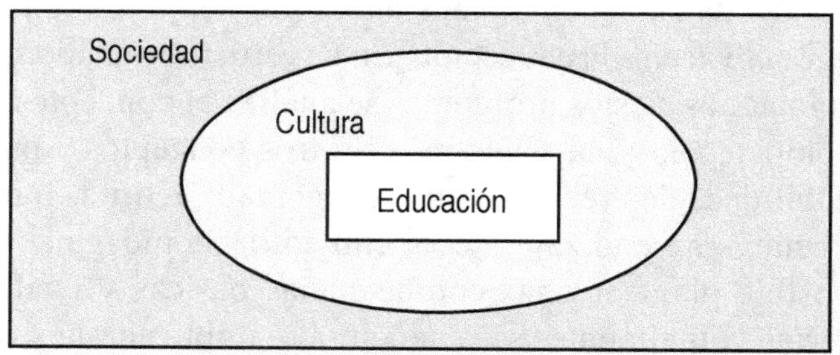

Diagrama 1. La educación está inmersa en la cultura, la transforma y la reproduce; socializa a las personas y concibe nuevas formas de organización social.

El problema central radica en los modelos educativos. Para el caso latinoamericano, en general, los modelos educativos tienen fuerte tendencia academicista y a fragmentar la realidad. Son academicistas, porque están centrados en el estudio de contenidos; fragmentan la realidad porque estos contenidos están dispersos en un sinnúmero de áreas o especialidades, sin la capacidad suficiente para integrar el conocimiento, de manera que sirva de soporte a la actuación humana, que en esencia, es holística: Cada episodio de la vida de las personas exige un conocimiento global de las situaciones, para lo cual se requiere poner en juego un conjunto de habilidades, destrezas y conceptos de diversas disciplinas.

Vivimos en una civilización con grandes desequilibrios de orden económico, social, político y cultural. Los sistemas educativos, en general, están produciendo seres parciales, hombres fragmentados. La soñada educación integral prevista en la mayoría de constituciones políticas, está lejos de alcanzarse.

El cuadro anterior, sugiere una nueva forma de concebir la educación. Para superar al hombre fragmentado, inmerso en una civilización con hondos desequilibrios, es conveniente asumir la educación como un proceso de formación y de promoción humana integral. Un proceso que se sostenga a lo largo de toda la vida, que afecte de manera positiva las dimensiones que constituyen la integralidad del ser humano y que lo promueva desde niveles inferiores a niveles superiores de desarrollo. En síntesis, la educación se puede asumir como el camino para incrementar la racionalidad humana, que en su expresión moderna significa la posibilidad de pensar y de actuar de la mejor manera posible, tanto en el plano individual como en el colectivo.

El concepto de competencia

Con el fin de reformar las Pruebas de Estado para el ingreso a la Educación Superior, el Instituto Colombiano para el Fomento de la Educación Superior, ICFES, definió la competencia como "un saber hacer en contexto, es decir, el conjunto de acciones que un estudiante realiza en un contexto particular y que cumplen con las exigencias específicas del mismo." (Rocha, 2000:17)

Lo interesante de este planteamiento es el *"saber hacer"*; lo cual sugiere una educación orientada hacia la actividad, algo bastante válido; sin embargo, aquí se puede hacer la primera objeción: Si el objetivo es el "saber hacer", ese saber podría asumirse como realizar un procedimiento bien sea desde el punto de vista operativo o procedimental. Así, el campesino que, fumiga su cultivo de tomate con DDT, puede expresar un "saber hacer" por que: prepara bien la mezcla de veneno, carga a sus espaldas la fumigadora de manera adecuada, esparce la solución sobre el follaje de las matas y, en una repetición de este procedimiento culmina con la fumigación de todo el cultivo. Pero, ante este hecho, alguien podría preguntarse, ¿el campesino entiende de manera suficiente aquello que en apariencia está realizando bien? Es posible; sin embargo, surgen dudas como las siguientes: ¿comprende que los vapores de veneno están afectando su salud y la de su familia? ¿Sabe que parte del veneno se incorpora dentro de la fruta que después será consumida? ¿Entiende que parte de los venenos son absorbidos por la capa vegetal?... En últimas, ¿es conciente de todo el problema ambiental que está generando? Esto nos induce a pensar que la competencia no puede ser un simple hacer en contexto sino que, más allá, lleva asociado el *saber entender*, el comprender las implicaciones de los hechos, entender las consecuencias y asumirlas de manera responsable.

De hecho, cuando alguien realiza algo, siempre lo hace en un contexto; por ejemplo, el estudiante que resuelve ejercicios de Matemáticas, lo hace en el contexto de su pupitre, de su salón de clase y del contexto situacional que eventualmente le pueden plantear tales ejercicios. Entonces, el hacer en contexto, es obvio; lo interesante es plantearse la existencia de contextos significativos e importantes en la vida, en los cuales se requiere saber hacer las cosas, por ejemplo, los contextos institucional, familiar, político, económico, etc.

Muchas de las actuaciones inteligentes no sólo se refieren a hacer cosas en contextos, algunas, incluso las más importantes, implican la transformación de los contextos. Es el caso del niño que vive en una familia donde se le maltrata de manera permanente; si le decimos que sea competente; le estaríamos sugiriendo que sepa hacer las cosas en ese ambiente de violencia. Entonces él tendrá que acomodarse, a las situaciones, aprenderá a ser violento, a jugar a la doble moral y defenderse como pueda. De hecho, esto es lo que le ocurre a un niño que vive en ese contexto. Si él no es capaz de modificar el contexto, ¿para qué la educación? Este breve ejemplo sirve para plantear una segunda objeción: la competencia no es simple actuar en contexto; sino que implica, en algunos casos, desarrollar la capacidad para modificar los contextos en favor de la convivencia y del bienestar humano.

La tercera objeción se refiere al conjunto de acciones que permiten la categoría "hacer". El verbo hacer se refiere a la interacción del ser humano con objetos. Deja de lado las acciones humanas relacionadas con la interacción interpersonal, el terreno de la "actuación" que semánticamente es diferente del "hacer". También deja de lado las relaciones intrapersonales.

El análisis anterior nos permite concluir que si se desea una educación por competencias como un enfoque alternativo, el concepto de competencias es más amplio: *ser competente es saber hacer y saber actuar entendiendo lo que se hace, comprendiendo cómo se actúa, asumiendo de manera responsable las implicaciones y consecuencias de las acciones realizadas y transformando los contextos en favor del bienestar humano.*

Competencia, conocimiento e inteligencia

A través del largo proceso de adaptación, el hombre, en su interacción con el medio natural y a través de las relaciones con sus congéneres, ha generado conocimiento de sí mismo y del mundo que le rodea. El análisis de este fenómeno junto con el de inteligencia contribuye a esclarecer el concepto de competencia.

El conocimiento se puede abordar como la representación de la realidad y la capacidad para intervenir en ella; el medio de representación natural es el cerebro. (Leahey, 1.998). Sin embargo, "el conocimiento es más que una codificación de hechos, también incluye la habilidad para utilizar estos hechos en interacción con el mundo." (Sowa, 1984: 13). Las representaciones mentales orientan buena parte de las acciones humanas. En concordancia con lo anterior, para Helen Gagné (1992) existen dos tipos de conocimiento: declarativo y procedimental. Mediante el conocimiento declarativo comprendemos el mundo: qué son las cosas y qué relación existe entre ellas. El conocimiento declarativo implica conciencia e intencionalidad. El conocimiento procedimental es propiamente el saber hacer: en algunas ocasiones requiere el uso de la conciencia y en otros no. En este último caso se compone especialmente por actos reflejos. Esta separación en dos tipos es teórica; pues, en realidad, el conocimiento declarativo se elabora a partir de la interacción con el mundo. La clasificación sirve para destacar dos aspectos básicos:

saber qué y *saber cómo*. Los modelos educativos a los cuales nos hemos referidos han enfatizado en el *"qué"*. La validez de un enfoque por competencias es llamar la atención sobre el *"cómo"* hacer las cosas; dado que la supervivencia del hombre depende de manera directa del conjunto de acciones que realiza. La comprensión del mundo tiene por finalidad tomar las mejores decisiones para *"hacer"* y para *"actuar"*.

En este punto del análisis surge la necesidad de incorporar el concepto de inteligencia. Para Stenberg (1994), es un conjunto de funciones adaptativas del individuo con respecto al ambiente en el cual se halla inmerso. Esto implica que la inteligencia no es una facultad exclusiva de los humanos sino una propiedad de todos los seres vivientes, desde los más primitivos hasta los que nos creemos los más evolucionados.

La Inteligencia Artificial IA es un movimiento científico y tecnológico iniciado a mediados del siglo XX, cuyo propósito es la comprensión y construcción de entidades inteligentes. Para la IA, un sistema es inteligente si es capaz de percibir y actuar. Entre estos dos procesos existe otro intermedio, la inferencia, el procesamiento de la información de entrada, a la luz del estado interno o memoria, para tomar una decisión y poder actuar. (Russell, 1996:3).

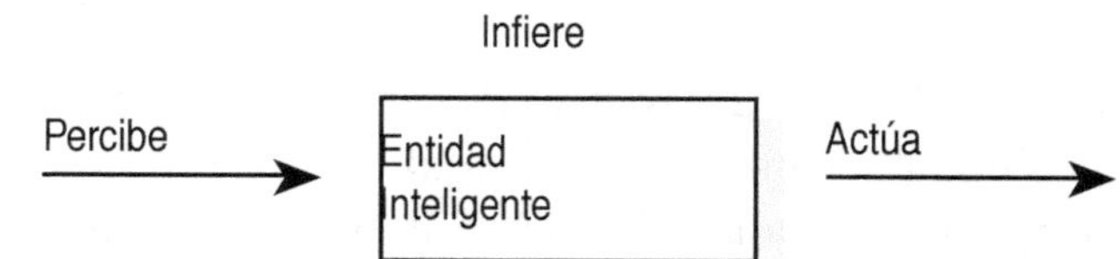

Diagrama 2: Arquitectura de una entidad inteligente concebida bajo el modelo de procesamiento de información.

Entendida la inteligencia como un conjunto de funciones adaptativas que implican procesos relacionados con percibir, inferir y actuar, la competencia se puede entender como la manifestación de inteligencia; en otros términos, *la inteligencia subyace a la competencia.*

Las competencias también se pueden relacionar con otras categorías acuñadas por la Psicología como las aptitudes, destrezas, habilidades y actitudes. Éstos, son términos que se generaron en el largo proceso de estudio para intentar explicar el funcionamiento de la mente. El término *"aptitud"* se empleó para denotar una condición física o mental para realizar determinada actividad compleja. Por ejemplo, se habló de aptitud para la música, como una manifestación de que una persona; si bien no sabía este arte, tenía gran disposición para aprenderlo. Por eso se habló de las pruebas de aptitud como predictores de alguna ejecución futura. (Thorndike, 1991). Tomando como referencia el mismo autor, el término *"capacidad"*, es prácticamente sinónimo, se entiende como la condición para avanzar en el aprendizaje de algo. Sin embargo, de acuerdo con la semántica de la palabra, la capacidad también puede ser entendida como la dedicación hacia algo. Por ejemplo, se habla de capacidad para trabajar aludiendo a alguien que trabaja durante largas jornadas. Con el concepto de *"destreza"*, se ha hecho referencia a un conjunto de habilidades motoras que posee una persona para realizar determinada actividad compleja. Por ejemplo, se habla de la destreza del torero, del guerrero, del deportista… De esta manera, la destreza podría entenderse como la realización de un conjunto de operaciones con habilidad y precisión. La *"habilidad"* es un término más reciente, de mayor uso en la actualidad; con él se quiere significar la realización de una operación bien realizada en el menor tiempo posible. Así, se habla de la habilidad para conducir, para referirse al hecho de que alguien es veloz y al mismo tiempo, preciso. Finalmente, la "actitud", Thorndike (1991) la relaciona con las tendencias a favorecer o rechazar a grupos particulares de individuos, conjuntos de ideas, instituciones sociales o tipos de actividad.

Los términos analizados anteriormente se pueden caracterizar como denominaciones a ciertos rasgos o manifestaciones de actividades que requieren inteligencia. De una manera u otra, son elementos constitutivos de la competencia.

Competencias básicas

Hemos considerado las competencias como el saber hacer las cosas y el saber actuar con las personas, entendiendo lo que se hace o se dice, asumiendo las implicaciones de los hechos y transformando los contextos en favor de la convivencia humana. En consecuencia, es posible denominar *competencias básicas* a *aquellos patrones de comportamiento que los seres humanos necesitamos para poder subsistir y actuar con éxito en cualquier escenario de la vida.* Esto requiere de una formación integral, la cual sólo es posible si se afectan de manera positiva las dimensiones consideradas fundamentales; los ejes del desarrollo. Uno de los modelos más sencillos considera al ser humano en cuatro dimensiones: biológica, intelectual, social e intrapersonal.

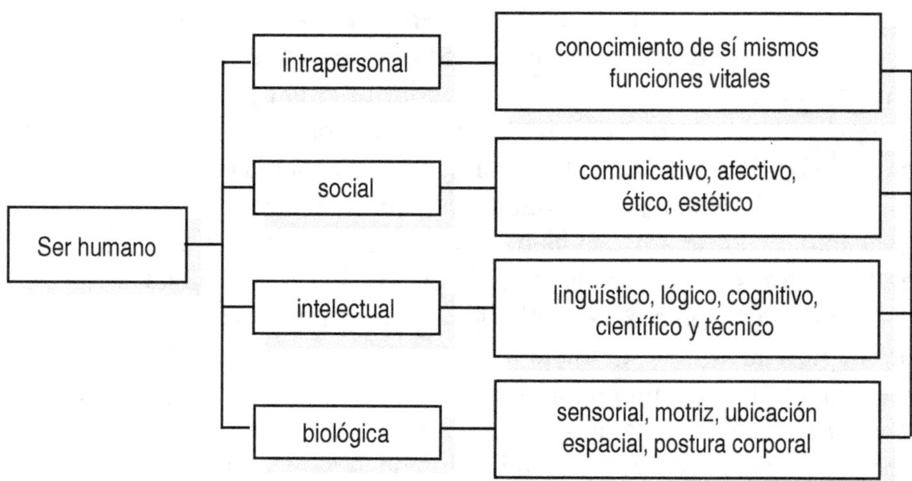

Diagrama 3. Integralidad del ser humano expresada en términos de dimensiones y procesos de desarrollo.

Dentro de cada dimensión se pueden identificar procesos básicos como aquellos que se realizan a través de etapas, de transformaciones, en las cuales, se avanza, de estadios inferiores a estadios superiores. Como producto de los procesos se forman las competencias. Las competencias básicas pueden ser consideradas como los constituyentes centrales del perfil del estudiante, producto de la acción educativa.

Dimensión biológica

Es el componente basal del ser humano porque en él radica la vida expresada en diversas funciones. Los procesos de desarrollo biológico se pueden resumir en sensorial, motor, postura corporal y ubicación espacial. Como producto de estos procesos el ser humano puede manifestar la siguiente competencia:

- Desplazarse en forma coordinada a través del espacio, percibiendo los estímulos del ambiente y conservando el sentido de la ubicación.

Dimensión intelectual

Tomando como base la dimensión biológica, el intelecto puede desarrollarse a través de los siguientes procesos: lingüístico, comunicativo, lógico, cognitivo, científico y técnico. Como producto de ellos, el ser humano puede manifestar las siguientes competencias:

- Comunicarse en lenguaje natural y en cualquier otra forma de representaciones simbólicas.
- Producir inferencias válidas a partir de premisas, mediante el uso de sistemas de razonamiento.
- Elaborar conceptos a través de relaciones empírico – teóricas.
- Diseñar, transferir y utilizar tecnología para mejorar sus condiciones de vida.

Dimensión social

Sobre la base de la dimensión biológica y con el apoyo de la dimensión intelectual, el hombre interactúa con sus semejantes, para lo cual desarrolla procesos sociales, afectivos, éticos y estéticos. Como producto de estos procesos, puede manifestar las siguientes competencias:

- Interactuar de manera armónica con otras personas, conservando la autonomía, practicando la cooperación y desarrollando lazos de afecto y solidaridad.
- Valorar de manera equilibrada las actuaciones propias y las ajenas.
- Apreciar la armonía y la coherencia como fundamento de la belleza que poseen las cosas, las personas, sus actuaciones y sus obras.

Dimensión intrapersonal

El conocimiento más valioso del ser humano es el que ha desarrollado sobre sí mismo: identificar las partes de su cuerpo, las relaciones funcionales entre ellas, determinar el límite de sus habilidades, las condiciones de salud e incluso la dinámica de su propio proceso cognitivo. Esta dimensión es una resultante de las otras tres, se traslapa con ellas. En la dimensión intrapersonal se puede formular la siguiente competencia:

- Conocerse a sí mismo, identificar las partes de su cuerpo, el estado de sus funciones orgánicas, el nivel de bienestar o malestar que pueda sentir en determinado momento, la forma como reacciona ante las situaciones, sus emociones, sus sentimientos y la conciencia y control de su proceso cognitivo.

Relación entre competencias y desempeños

Hemos afirmado que la competencia es un saber hacer y un saber actuar en contextos determinados, comprendiendo lo que se hace o se dice, asumiendo las implicaciones de los hechos y transformando los contextos en favor de la convivencia humana. Pueden existir competencias básicas como prototipos de acciones en las diferentes dimensiones del ser humano. Estas competencias son de orden general. *Los desempeños, son acciones concretas que realiza la persona y que implican la existencia de una o más competencias.* Por ejemplo, un grupo de estudiantes plantea al rector un proyecto para el mejoramiento de la convivencia en la institución. Este hecho particular es un desempeño que implica al menos una competencia básica: comunicarse en lenguaje natural. En la mayoría de los casos, un mismo desempeño puede implicar diferentes competencias básicas, dado que la actividad humana es holística por naturaleza.

Implicaciones educativas de un enfoque por competencias

Las competencias, tal como han sido definidas, como medios para la formación y para la promoción humana integral, implican una nueva concepción de institución educativa. Se requiere una planta física con amplios espacios y con suficientes recursos para el deporte, para el arte, para la ciencia, para la tecnología, para la interacción social. Se necesita un diseño que permita unos procesos educativos centrados en la actividad fundamentada y estructurada; espacios en los cuales se confronten de manera permanente hechos con teorías y donde los modelos pedagógicos estén centrados en la interacción del estudiante con sus compañeros, con artefactos, con diversas fuentes de información y en una relación dinámica con el entorno natural y social. Este tipo de institución necesita de un modelo de gestión en el cual la planeación, la ejecución, la evaluación constituyan un ciclo de continuo mejoramiento, apoyado con operaciones de dirección, liderazgo y participación. Se requiere un plan de estudios que desde las áreas específicas oriente la formación integral, que supere el conocimiento fragmentado.

Desde luego, necesita un modelo de maestro, un docente que tenga las competencias básicas que hemos planteado y unas competencias específicas que le permitan interactuar de manera profunda con cada estudiante, tener un amplio dominio de su conocimiento específico y un compromiso enorme con su labor. Se necesita un profesor con claridad histórica que no se deje abatir por el pesimismo de la época; que más allá de las dificultades del presente vislumbre un mundo mejor por el cual ha de trabajar a diario.

En síntesis se requiere de un sistema educativo vigoroso, en donde lo mejor de los recursos de la sociedad incluido el talento humano, estén destinados de manera prioritaria a la tarea de educar a las nuevas generaciones.

Aprendizaje y desarrollo

Horizonte

En un intento por aprender de la naturaleza se expone la teoría del desarrollo biológico y a partir de ella, se analiza el concepto de aprendizaje, los factores que lo determinan, su dinámica a través del tiempo y los principios que lo regulan.

Brevemente

¿Las competencias se aprenden o se desarrollan? Para resolver este interrogante se inicia con el estudio de los procesos de desarrollo del ser humano, los cuales constituyen cambios ordenados e implican diferenciación, articulación, integración y crecimiento. En un enfoque moderno, el aprendizaje es considerado como conocimiento en evolución y ocurre tanto de manera implícita como explícita. Interpretando la concepción de Gagné, el aprendizaje se rige por factores externos e internos relacionados con el sujeto que aprende. Entre los factores externos, los ambientes físicos agradables predisponen al aprendizaje, el cual se incrementa con entornos humanos propicios, ricos en relaciones de cooperación y armonía. Entre los factores externos se encuentra la motivación y la satisfacción de las necesidades básicas. El aprendizaje sigue una dinámica a través del tiempo, con una tendencia al equilibrio entre procesos como el análisis y la síntesis, la inducción y la deducción, la teorización y aplicación. Además, está regido por principios como la diversidad e integralidad, el ritmo y la gradualidad, la lúdica y el esfuerzo, la participación y la organización, la autonomía y la cooperación, el afecto y el respeto. Se concluye que el aprendizaje es una forma particular que toma el desarrollo, pues en general, sigue la misma lógica, uno y otro están comprometidos en la formación de personas competentes.

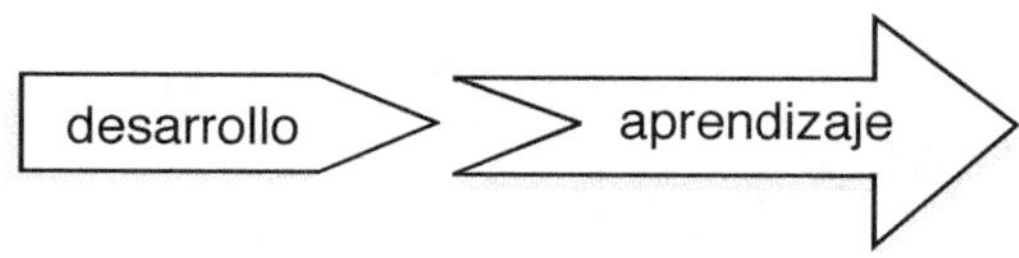

Diagrama 4:
El aprendizaje visto como una forma especial que toma el desarrollo

Introducción

Los seres humanos somos productos del desarrollo biológico y del aprendizaje: genética y cultura. El desarrollo biológico obedece a un programa genético producto de la evolución de la especie. Desde que nacemos, y a medida que crecemos interactuamos con el ambiente, nos apropiamos de patrones culturales, incorporamos información y generamos conocimiento. ¿Cómo se articula el desarrollo biológico con el aprendizaje? ¿Qué de lo que somos es producto del desarrollo y qué del aprendizaje? ¿Es el aprendizaje una forma particular que toma el desarrollo? Estas preguntas constituyen el núcleo del siguiente análisis.

El desarrollo

¿Cuál es la dinámica del desarrollo biológico? ¿Cómo es que a partir de un par de células que contienen la información genética se genera un individuo, que al cabo del tiempo es capaz de explorar el medio y llegar, incluso, a reflexionar sobre su propio proceso de desarrollo?

Los procesos de desarrollo son cambios organizados

La biología nos ha mostrado que el desarrollo es un conjunto de etapas ordenadas que originan eventualmente un nuevo organismo adulto de la especie (Kimbal, 1986). A consecuencia de la reproducción sexual, el desarrollo embrionario transcurre por las siguientes fases: segmentación, morfogénesis, diferenciación y crecimiento. La *segmentación* se caracteriza por sucesivas divisiones mitóticas; en la *morfogénesis*, las células se organizan en capas; luego viene una etapa de *diferenciación* en la cual, ocurre una especialización funcional de las células, organizándose en tejidos, órganos y aparatos. Cuando el organismo está formado con todas sus partes viene la fase final de *crecimiento* la cual consiste en aumento de tamaño y reproducción celular.

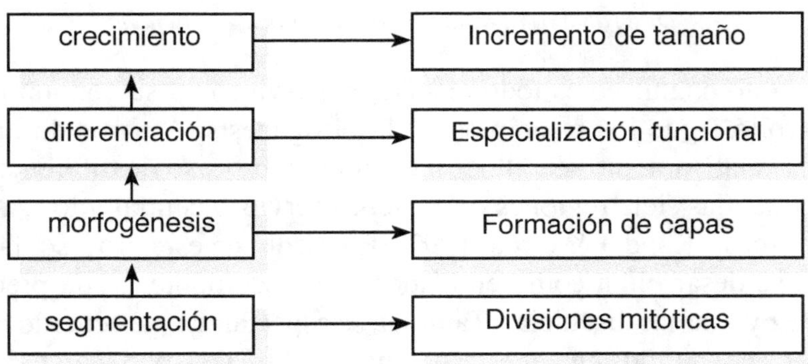

Diagrama 5. El desarrollo embrionario es un conjunto de etapas que se suceden en cumplimiento de un programa genético

La teoría de la ortogénesis

El proceso de desarrollo es *teleológico* en tanto que se orienta a un final: *la adultez*. Heinz Werner (1978) adoptó de la embriología el término *ortogénesis* para definir al desarrollo, que según él, se inicia en un estado de globalidad relativa y avanza hacia un estado de mayor diferenciación, articulación e integración jerárquica. Creía, además, que estos principios del desarrollo de un individuo (ortogénesis), son aplicables al desarrollo de una especie (*filogénesis*) y al desarrollo a corto plazo del pensamiento, la emoción y la percepción (*microgénesis*). De acuerdo con lo anterior, el desarrollo es un conjunto de cambios, pero no de cualquier tipo, es un proceso de transformación caracterizado por *diferenciación regulada, articulación coherente, integración jerárquica y crecimiento ordenado.*

El desarrollo del aparato cognitivo

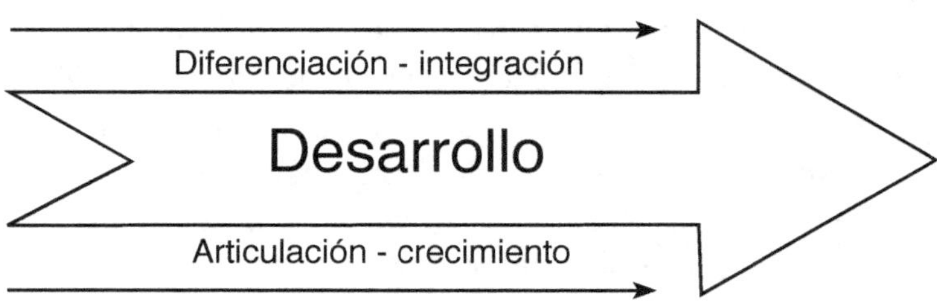

Diagrama 6. El desarrollo es un proceso ordenado

El aparato cognitivo es todo el sistema nervioso en su conjunto, cuyo desarrollo sigue los principios de la ortogénesis: A partir de un tubo neural relativamente sencillo y mediante un proceso de diferenciación, se forman las siete regiones del sistema nervioso central y los sistemas periféricos. (Kandel & otros, 1997). En medio de este proceso, las neuronas se desarrollan como entidades que se comunican con precisión, rapidez y a largas distancias. También se especializan de acuerdo con los códigos contenidos en genes específicos. Al final se obtienen tres tipos: receptoras, interneuronas y efectoras, quedando el sistema nervioso listo para percibir, inferir y actuar.

Cualquier conducta del ser humano, por sencilla que sea, implica el trabajo de los tres sistemas funcionales relacionados con la percepción, la motivación y la coordinación motora. Esto ocurre porque la organización del sistema nervioso sigue algunos principios específicos: Existen *núcleos de relevo* a manera de centros de proceso, en los cuales se integra la información procedente de los sistemas funcionales básicos (percepción, motivación, motricidad). Cada uno de estos sistemas contiene vías distintas que analizan la información por separado; así por ejemplo, el sistema sensorial visual tiene vías específicas para analizar el color, la forma y el movimiento. Cada vía se organiza topográficamente, por ejemplo, la codificación del espacio, es una organización topográfica en ciertas regiones del cerebro. La mayoría de vías cruzan la media corporal de tal manera que los eventos sensoriales y motores que ocurren a un lado del cuerpo se controlan por el hemisferio cerebral del lado contrario. Estas vías se clasifican en convergentes y divergentes. Las primeras recogen información sensorial periférica y la integran en los centros de relevo. Las vías divergentes nacen de los centros de relevo y distribuyen la información en los diferentes efectores para coordinar las acciones.

Lo anterior es una explicación breve de cómo se desarrolla una arquitectura general, pero, de manera más precisa, lo que genera la cognición es la propiedad que tienen las neuronas para interconectarse. Estas conexiones o sinapsis, son complejas y precisas. Cada neurona se conecta con cierta cantidad posible de otras neuronas. Según estimativos, en cada cerebro pueden existir 10^{15} interconexiones; éstas, son las que permiten el maravilloso proceso del conocimiento. Al conjunto de interconexiones se le conoce con el nombre de *plasticidad sináptica* porque algunas de ellas tienden a ser permanentes y otras transitorias. La formación de éstas, ocurre a través de tres etapas: Primera, *formación sináptica*, la cual ocurre a consecuencia de la expresión genética. Segunda, *el ajuste fino del desarrollo de las sinapsis nuevas* que ocurre en etapas tempranas y se efectúa por estimulación del ambiente mediante patrones de actividad adecuados. Tercera, *la efectividad de las sinapsis transitorias y las de largo plazo* producidas por la experiencia diaria (Kandel & otros, 1997). En estas etapas se traslapa el desarrollo biológico con el aprendizaje, el cual aparece en la segunda de ellas y continúa a lo largo de la vida en la tercera etapa.

En definitiva, un desarrollo óptimo del aparato cognitivo combina factores genéticos y ambientales. La función central de este aparato es llevar a cabo los procesos de aprendizaje para generar conocimiento y regular el comportamiento.

Algunos enfoques del desarrollo cognitivo

La concepción de desarrollo aplicado a la cognición tiene su más grande representante en Jean Piaget con su teoría sobre la epistemología genética. Sin embargo, han surgido enfoques alternativos que incluso niegan el desarrollo como una sucesión de etapas.

La epistemología genética

En su teoría de la epistemología genética, Piaget (1970) intenta conocer a través del desarrollo, antes que a través del aprendizaje o de la herencia. Habla así, del desarrollo cognitivo como un proceso de construcción de conocimiento que se realiza en estadios y subestadios. Considera al pensamiento lógico-matemático como un tipo de conocimiento al cual se llega a través de un proceso de desarrollo caracterizado por la asimilación, la acomodación y la equilibración. La *asimilación* se lleva a cabo como incorporación de perceptos nuevos a un esquema previo; la *acomodación*, como el cambio de esquemas y operaciones y; la *equilibración*, como transición entre estadios.

Enfoques alternativos

Investigadores posteriores realizaron varias críticas a la epistemología genética, poniendo en duda la existencia de los cuatro estadios o niveles de inteligencia planteados por Piaget (sensorio-motriz, preoperatoria, operatoria concreta, operatoria formal). Como alternativas a estas críticas han surgido varias posturas como el conductismo radical de Skinner (1974), con su teoría del aprendizaje operante que no contempla desarrollo de etapas.

La teoría sobre el procesamiento de la información se ha aplicado para tratar de formular explicaciones a los fenómenos de la cognición. Existen varias investigaciones y enfoques, entre ellos el aprendizaje de reglas, según el cual, éstas son inducidas por la experiencia repetida siguiendo el principio de economía de pensamiento. "Según la opinión de Kail y Bisanzs (1982), el desarrollo cognitivo es impulsado por el crecimiento maduracional de la cantidad total de recursos (conforme madura el cerebro) o a través de la mayor disponibilidad de recursos dentro de una capacidad invariable conforme los procesos mentales que fueron conscientes en una ocasión se vuelven inconscientes y automáticos (automatizados) reduciendo su exigencia de atención." (Leahey & Harris, 1998:454). Según ellos, la mayor disponibilidad de recursos atencionales es posibilitada por la adición o eliminación de nodos y conexiones neurales o por el fortalecimiento o debilitamiento de tales conexiones.

Vosniadou y Brewer (1987) distinguen entre reestructuración global del pensamiento y reestructuración específica de dominios. La *reestructuración radical* implica la creación de nuevos esquemas para reorganizar el conocimiento, mientras la *reestructuración débil* consiste en la acumulación de conocimiento dentro del mismo esquema. Señalan los investigadores que el proceso de cambio de la mente del niño en mente del adulto ocurre a través de esta clase de reestructuraciones, siguiendo una lógica de transformación: novato – experto (Leahey & Harris, 1998). En general las teorías basadas en el procesamiento de información eliminan el concepto de desarrollo como una sucesión ordenada de etapas.

La tendencia moderna de la neurociencia es considerar que todos los procesos cognitivos son procesos biológicos, por lo tanto el desarrollo cognitivo, es un tipo especial del desarrollo biológico, en el cual interviene con mayor determinación la experiencia o interacción del individuo con el entorno.

El aprendizaje

A través de mecanismos biológicos, el cerebro almacena representaciones del mundo. Por ello, la tendencia a conocer es natural y espontánea; es quizás, el mejor recurso adaptativo de la especie humana.

Las representaciones del mundo se forman en etapas tempranas y cambian a través del tiempo; el aprendizaje es el conjunto de procesos mediante los cuales se adquiere conocimiento y se transforma. Está determinado por factores internos y externos al sujeto que aprende. Presenta una dinámica a través del tiempo, en la cual se parte de globalidades y se avanza hacia estructuras especializadas e integradas. El aprendizaje está determinado por principios o constantes que se mantienen a lo largo del proceso.

El aprendizaje es conocimiento en evolución

Los seres inteligentes se caracterizan porque perciben, infieren y actúan. El conocimiento es el estado interno que les permite interpretar las percepciones y tomar las decisiones para actuar. En los humanos, el lenguaje es una forma especial de representación de la realidad, de alto nivel de abstracción, que además permite comunicar el conocimiento.

El conocimiento es representación de la realidad; sin embargo, entre las representaciones existen diferentes niveles de abstracción. Para Leahey & Harris (1998), las representaciones pueden ser de naturaleza analógica o analítica. Las representaciones analógicas guardan cierta semejanza con el objeto representado; se configuran como imágenes, mapas, modelos físicos, gráficas, bocetos. Las representaciones analíticas son totalmente abstractas, no guardan relación con el objeto representado. El lenguaje es un sistema representacional de naturaleza abstracta, a excepción de las palabras onomatopéyicas.

Como los seres inteligentes actuamos en contextos dinámicos, el conocimiento se transforma a través del tiempo, por medio de la experiencia. Las huellas que deja el conocimiento en la estructura neural constituyen la *memoria*; su proceso de transformación, el *aprendizaje*. En otras palabras, el aprendizaje es el proceso mediante el cual se adquiere conocimiento y éste evoluciona a estructuras más elaboradas.

La Psicología Experimental planteó la idea del aprendizaje como un cambio en el comportamiento; y en efecto, quien aprende algo nuevo tiene la oportunidad de comportarse de manera diferente de como lo hacía antes. En tal sentido, el aprendizaje lleva asociada la probabilidad de que un agente inteligente se comporte de una forma determinada, en condiciones determinadas. Por tal razón, el aprendizaje, no siempre implica cambio de conducta; y por ello, para la Ciencia Cognitiva, el aprendizaje, es ante todo un cambio en las estructuras cognitivas, conocimiento en evolución.

Existen dos formas de aprendizaje: explícito e implícito

De acuerdo con Kandel & otros (1997:716), "la mayoría de los aspectos de la conducta humana implican cierta forma de aprendizaje." De otra manera "muchos resultados de la conducta humana, son el resultado de la capacidad para aprender de la experiencia. En realidad, somos verdaderamente quienes somos, por lo que aprendemos y recordamos." Ellos, clasifican el aprendizaje en dos formas: *implícito y explícito*. "Las formas implícitas son encubiertas y a menudo reflejas, no necesitan atención consciente, mientras que las formas explícitas requieren un conocimiento consciente." (p: 703).

Los aprendizajes implícitos se generan por actos reflejos como una consecuencia de la maduración biológica y de la interacción con el medio. Empiezan a darse, en la segunda fase del desarrollo neural: *el ajuste fino del desarrollo de las sinapsis nuevas*, en los primeros años de vida. Aprendemos a llorar, a caminar, a observar, a desplazarnos a controlar los esfínteres, también a escuchar y hablar. Gran parte de las estructuras lingüísticas las adquirimos por esta vía junto con algunos patrones de actitud. Más tarde, en la institución educativa, seguimos aprendiendo de manera implícita algunas formas de comportamiento por el simple hecho de estar en contacto con el medio.

Los aprendizajes explícitos requieren de la atención consciente, tienen un alto nivel de intencionalidad y a menudo, requieren de la explicación. Buena parte de los aprendizajes que adquirimos en la institución educativa y en especial los académicos, son explícitos. En general los conceptos o generalizaciones las aprendemos por esta vía.

Las dos formas de aprendizaje no están separados de manera dicotómica: Los primeros aprendizajes son implícitos, tras el desarrollo de la conciencia, empezamos a aprender de manera explícita y continuamos aprendiendo de manera implícita; ambas formas coexisten a lo largo de la vida. Además, los aprendizajes implícitos pueden hacerse explícitos. O bien, mediante aprendizajes explícitos se perfeccionan aprendizajes implícitos. Por ejemplo, conocemos de manera explícita las estructuras gramaticales del lenguaje y con ello, de manera voluntaria, mejoramos nuestras competencias comunicativas. Entendemos la dinámica de las relaciones humanas y con ello, mejoramos nuestras actitudes, cuyos patrones, los aprendimos de manera implícita en etapas tempranas del desarrollo. En general aprendemos mediante dos vías complementarias.

El aprendizaje está determinado por factores internos y externos

Hemos concebido el aprendizaje como un proceso de conocimiento en evolución. Gagné (1989) diferencia eventos internos y externos en el aprendizaje; "los primeros se refieren a eventos que suceden al interior del estudiante y los externos a dimensiones del entorno que sirven de activadores de los eventos internos." Son eventos internos la atención, la expectativa, la recuperación de información en memoria de trabajo, la percepción selectiva, la codificación significativa, el recuerdo y la respuesta, el refuerzo, el recuerdo con asociaciones y la generalización. Son eventos externos informar al sujeto sobre los objetivos del aprendizaje, estimular el recuerdo de aprendizajes previos, guiar el aprendizaje, presentar estímulos, dar retroalimentación, valorar la ejecución, etc.

Diagrama 7: El aprendizaje conjuga eventos externos e internos. Los internos son determinantes, pero, a su vez, están controlados por los externos

Con base en los postulados de Gagné se puede plantear la hipótesis de que existen factores que determinan el aprendizaje; condiciones que, a manera de activadores, hacen que un estudiante aprenda en menor o mayor intensidad. Estos factores pueden clasificarse en externos e internos, siendo los internos los que determinan de manera directa el aprendizaje, sin embargo, éstos, a su vez, dependen de factores externos.

Factores externos

Los factores externos están asociados al entorno. Un ambiente propicio para el aprendizaje es aquel que posee excelentes condiciones físicas y donde las relaciones humanas son de tal grado que ofrecen un clima de calidad y de calidez al estudiante. El ambiente adecuado facilita la ocurrencia de los eventos externos señalados por Gagné.

Un ambiente físico agradable predispone al aprendizaje

Imaginemos dos instituciones: el colegio A ubicado al fondo de una calle destapada, rodeado por talleres donde el rugir permanente de los taladros horadan los oídos de los pequeños. Los niños sentados en pupitres rotos, amontonados en salones donde no llega la luz del día, soportan un clima de humedad. Los malos olores y las paredes opacas constituyen la atmósfera en donde intentan leer y aprender las operaciones matemáticas. El colegio B, situado fuera de la ciudad, posee buenas vías de acceso, amplias zonas verdes, jardines, canchas deportivas, un lago y un pequeño bosque. Las instalaciones gozan de exquisita arquitectura: amplios salones iluminados con luz natural y con ventilación suficiente.

Figura 1: Las condiciones ambientales agradables
determinan el aprendizaje

Los ambientes estrechos limitan de manera considerable la experiencia; "la privación ambiental puede alterar dramáticamente los procesos de desarrollo". (Kandel & otros, 1997:517). Sin lugar a dudas, el niño que estudia en el colegio B cuenta con mejores condiciones para el aprendizaje. Entre las personas y el ambiente existe una relación sicológica muy fuerte; habitamos en casas y edificios y al mismo tiempo, las imágenes de esas construcciones habitan en nuestra memoria recordándonos lo que tenemos y, la distancia que existe entre lo que poseemos y lo que deseamos tener. Esas imágenes junto con otras relacionadas con nuestras condiciones de vida, hacen parte de nuestra propia estima.

Características y tipos de ambientes físicos

¿Qué es lo determinante del ambiente físico? Partiendo de nuestro ejemplo, nos resulta fácil entender que un buen ambiente físico está provisto de amplios y variados espacios, funcionalmente adecuados para actividades distintas. Los salones de clase poseen condiciones apropiadas de iluminación y ventilación. Existe equilibrio entre la construcción y los elementos naturales, armonía entre la arquitectura y el paisaje. En general, la planta física ha sido diseñada siguiendo normas técnicas y principios estéticos.

En un esfuerzo por sistematizar las características adecuadas del ambiente físico de la institución educativa, Acosta (2003) expone propiedades asociadas con la accesibilidad, la comodidad, la seguridad, el área y el aseo.

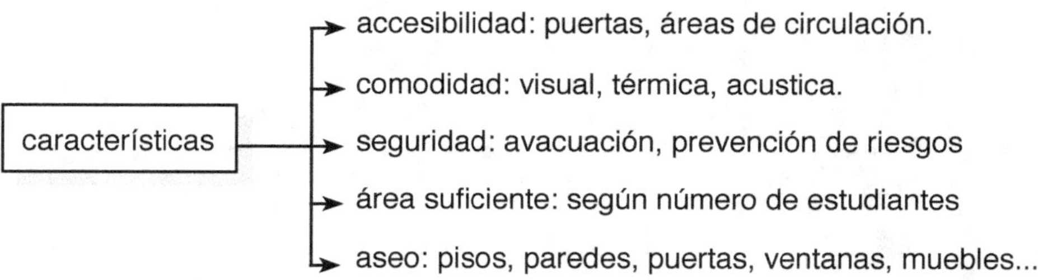

Cuadro Sinóptico 1:
Características propicias de los ambientes físicos institucionales

Una buena institución cuenta con espacios físicos para realizar diversidad de actividades: aulas de clases, laboratorios, biblioteca salas de música, de informática y de audiovisuales, teatro, aula múltiple, corredores, áreas libres, patio de recreo, canchas deportivas y gimnasio. Cada uno de los espacios está construido siguiendo normas técnicas definidas por la arquitectura y la ingeniería.

La edificación, en su conjunto, ha sido construida de acuerdo con normas de sismo-resistencia propias de cada ciudad o país. De igual manera, cumple con normas legales relacionadas con licencias de construcción de acuerdo con los planes de ordenamiento territorial y uso del suelo.

Los recursos

El ambiente físico se enriquece con los medios educativos disponibles para llevar a cabo la labor educativa. Entre ellos se encuentran, el mobiliario, los equipos y los materiales didácticos. Los muebles juegan un papel preponderante, algunos de ellos se utilizan para almacenar implementos, otros como las sillas y escritorios son vitales porque en ellos permanecen durante buena parte del tiempo, los funcionarios, los profesores y los estudiantes. Entre los equipos figuran los manuales, los eléctricos, los electrónicos y cibernéticos. Todos ellos prestan utilidad bien sea en procesos administrativos como en los pedagógicos. Los materiales didácticos son aquellos que se utilizan de manera directa en las actividades pedagógicas para ilustrar, experimentar; para facilitar la comprensión de las diferentes temáticas.

Es conveniente obrar con criterios claros para la consecución, organización y uso de los diferentes medios educativos. En la consecución se puede tener en cuenta la pertinencia, calidad y cantidad, de acuerdo con los diagnósticos que se establezcan en la evaluación institucional. Una vez conseguidos los recursos se organizan siguiendo patrones de clasificación, de tal manera que sean ubicados de manera fácil y rápida por parte de los docentes. El uso adecuado y oportuno apoya los procesos de aprendizaje de los estudiantes.

Un ambiente humano de armonía, incrementa el aprendizaje

Supongamos un ambiente institucional X donde las relaciones entre los profesores son tensas, donde prima el roce personal, el irrespeto y el egoísmo. Ahora imaginemos un ambiente institucional Z en el cual las relaciones entre los docentes están mediadas por la cooperación, el trabajo en equipo, el estudio de la Pedagogía y el buen trato. Sin lugar a dudas, el ambiente Z es el propicio para que los estudiantes aprendan. ¿Cuáles son las características de un ambiente humano favorable? Nuestro ejemplo deja entrever que, un equipo humano que asume de manera solidaria la labor educativa, está regulado por relaciones armoniosas, por una comunicación permanente que tiene como centro la formación de los estudiantes, y una actitud positiva ante el trabajo. Esto es posible si el cuerpo docente se ha apropiado de unos objetivos institucionales comunes, se encuentra bien preparado académicamente, y se halla informado sobre los diferentes aspectos de la gestión.

Cualesquiera sea el nivel de calidad del ambiente en sus componentes físico y humano, este nivel se puede mejorar. Además, para generar y mantener estos niveles se requiere una buena gestión; de lo contrario, el ambiente se deteriora. La conservación y mejoramiento de los ambientes de aprendizaje son temas que merecen un estudio cuidadoso y sobre todo una intención permanente de docentes y directivos.

Factores internos

Los factores internos están asociados con la salud física y mental del estudiante, la cual es una resultante del buen funcionamiento del organismo, de la *satisfacción de sus necesidades básicas*, incluidas la alimentación, el aseo, el vestido y el afecto. En síntesis los factores internos dependen de un desarrollo equilibrado y de la satisfacción básica. Es fácil pronosticar que un niño con necesidades básicas insatisfechas, difícilmente se interese por el estudio. Su atención estará siempre centrada en cómo saciar dichas necesidades.

La motivación es el motor interno del aprendizaje

Se habla de la motivación como un elemento que determina en buena parte el éxito cognitivo. Se puede considerar como el estado de ánimo del estudiante que lo impulsa a realizar actividades de aprendizaje. *"Los estados de motivación específicos representan tendencias o impulsos a la acción basados en necesidades internas. El estado de motivación del organismo está controlado en gran parte por procesos reguladores homeostáticos básicos, esenciales para la supervivencia, tales como la alimentación, la respiración, el sexo, la regulación de la temperatura y la autoprotección. Los estados motivacionales cumplen tres funciones:* directiva, *guían la conducta hacia una meta específica;* activadora, *incrementan el alerta general y dan energía al individuo para la acción;* y organizadora, *combinan cada uno de los elementos de la conducta para formar una secuencia comportamental coherente, orientada a una meta"*. (Kandel & otros 1997:654) ¿De qué depende la motivación? De acuerdo con la teoría y con la experiencia, la motivación es una resultante de condiciones propicias relacionadas con la satisfacción de las necesidades básicas, las condiciones del ambiente físico, la conciencia de necesidades de conocimiento, el grado de aceptación de los objetivos o metas, y el nivel de logro o consecución de los mismos.

Diagrama 8:
Dinámica de la motivación en el proceso del aprendizaje

¿Qué podemos hacer los docentes para mantener altos los niveles de motivación de nuestros estudiantes? De acuerdo con la anterior exposición, es conveniente que conozcamos a fondo a cada uno de nuestros estudiantes. Una de las cosas que nos conviene saber es el nivel de satisfacción de las necesidades básicas y por lo tanto, una comunicación permanente con los estudiantes y con sus padres para tratar de que estas condiciones se garanticen. Un segundo aspecto consiste en planear y desarrollar nuestras actividades pedagógicas con agrado, claridad y acierto. Conviene trabajar en pos de metas interesantes y alcanzables que requieran del esfuerzo ponderado. Una meta demasiado difícil provoca desmotivación porque el estudiante no siente que avanza hacia ella. Una meta demasiado fácil también provoca desmotivación, porque no requiere esfuerzo. En cambio una meta que haga sentir al estudiante que puede, pero que necesita hacer un poco más de lo fácil, es lo ideal. Con respecto a las metas, vale la pena tener en cuenta que "la consecución de una meta disminuye la intensidad del estado motivacional" (Kandel & otros 1997:654). Por ello es recomendable que luego de cumplido un logro y disfrutarlo, pronto aparezcan en el horizonte cognitivo nuevas e interesantes metas. Las metas aparecen no como simples enunciados o mandatos del profesor sino como una convicción interior asociada a necesidades de conocimiento. De esto se deriva que buena parte del trabajo pedagógico por parte del profesor está orientado a la creación de conciencia en el estudiante de sus necesidades cognitivas.

El aprendizaje sigue una dinámica a través del tiempo

Desde que nacemos y hasta que morimos, vivimos en permanente aprendizaje. La dinámica de este proceso, aún no se ha estudiado de manera suficiente; sin embargo existen algunos elementos que pueden ayudarnos a entender sus principales transiciones.

Aunque el mundo es infinitamente complejo, nuestro conocimiento sobre él es finito y por lo tanto incompleto. Sin embargo, nos desenvolvemos relativamente bien en él, a pesar de que nunca lo entendemos por completo (Kupers, 1994). Una de las ventajas que poseemos los seres humanos es que captamos generalidades del mundo. Nuestro conocimiento, parte de globalidades y avanza hacia particularidades, dependiendo de los campos de acción en los cuales nos centramos. En etapas tempranas del desarrollo adquirimos patrones perceptivos; con ellos y a través del lenguaje formamos los primeros patrones conceptuales. También los patrones de conducta básica los aprendemos en los primeros años. Los patrones son como esquemas generales, que luego se van diferenciando, a través de la experiencia.

Por lo anterior, la tendencia natural del sistema cognitivo es que a partir de la percepción de lo concreto, el pensamiento avanza hacia lo abstracto;

hacia las generalidades; lo cual ocurre como un mecanismo de economía mental. El cerebro necesita almacenar bastante información y la manera más económica de hacerlo es tomando las características relevantes de las cosas; en esto consiste la abstracción.

Pensar de manera sistemática

De acuerdo con la visión de Riesbek (1993), la mayoría de las personas no piensan de manera sistemática, durante todo el tiempo. Viven en una especie de sensaciones del mundo como simples recuerdos. Entre tanto, los buenos pensadores buscan la claridad, analizan con sentido crítico, consideran diferentes perspectivas, organizan las ideas y construyen conocimiento nuevo. Para Tishma (1994), llegar a pensar de manera organizada, es algo que se aprende a través del tiempo, "no como una lección, sino que se cultiva de manera continua y recurrente" (p.62). Esto significa que se puede desarrollar la predisposición para pensar como tendencias duraderas hacia patrones progresivos de pensamiento sistemático.

Debido a nuestra naturaleza integral, pensamos con diferentes elementos: con emociones, con imágenes, con perceptos, ideas y conceptos. El pensamiento pone en juego recursos de diferente índole de acuerdo con las diversas formas como se halla representado el conocimiento en nuestros cerebros. El conocimiento en sus diferentes lenguajes de representación constituye la materia prima del pensamiento, éste, a su vez reorganiza tales representaciones, generando nuevo conocimiento. En estos procesos, el aprendizaje tiende hacia estados de equilibrio dinámico en los cuales se conjugan operaciones contrarias. Algunas de estas operaciones son: el análisis y la síntesis, la inducción y la deducción, la teorización y la aplicación.

Análisis y síntesis

Necesitamos descomponer los aspectos de la globalidad y por eso realizamos análisis. Al analizar, se consideran los elementos por separado para comprender sus características intrínsecas. Pero los elementos se hallan conectados entre sí; por eso, el análisis adquiere sentido con la síntesis. La síntesis es un proceso de integración en el cual los elementos ya caracterizados se relacionan entre sí, se reorganizan para configurar un todo mucho más coherente y entendible. Este ciclo de análisis y síntesis, parte de una globalidad indiferenciada y vuelve a una globalidad integrada.

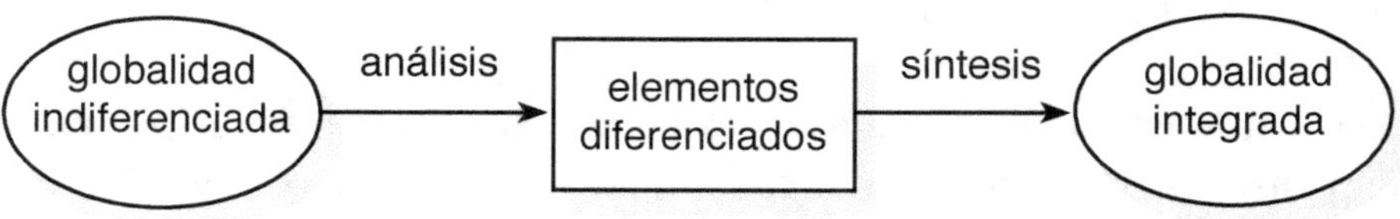

Diagrama 9:
La globalidad se descompone y luego se reorganiza

Inducción y deducción

La inducción es un camino de razonamiento que va desde lo concreto hasta lo abstracto. Los objetos concretos son percibidos por la mente, a través de los sentidos formándose los perceptos o representaciones de las cosas a través de imágenes. Estos perceptos, en un proceso de generalización se convierten en conceptos. Los conceptos, a menudo, expresan regularidades, con ellos podemos pensar de manera rápida sobre muchos fenómenos del mundo que comparten las regularidades que éstos encierran.

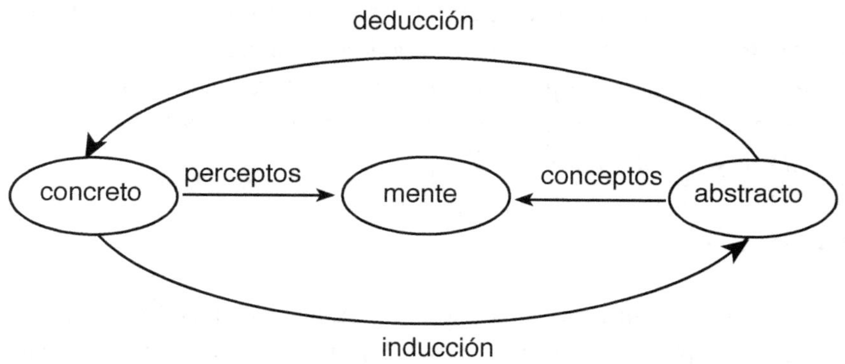

Diagrama 10: La mente opera en doble sentido conectando
la realidad con su representación

Pero el conocimiento no es sólo abstracción, necesitamos volver al mundo de lo concreto porque es ahí donde vivimos. Por eso, practicamos los procesos deductivos. La deducción es un camino de razonamiento que va desde lo abstracto hasta lo concreto. Las abstracciones, por lo general, son ideas carentes de imágenes. De acuerdo con nuestras necesidades prácticas, a partir de generalizaciones, iniciamos un proceso de descenso para encontrar casos concretos en los cuales se manifiestan esas generalidades.

Teorización y aplicación

En algunos momentos de nuestra vida teorizamos; esto es, enunciamos generalidades y elaboramos discursos, a partir de observaciones sistemáticas de la realidad. Pero la dinámica de la vida nos mantiene en el mundo de los hechos, en donde, necesitamos aplicar aquellas generalizaciones para entender situaciones concretas y resolver casos particulares. Si sólo viviéramos en el mundo de las ideas, paulatinamente nos alejaríamos de la realidad y al cabo del tiempo quedaríamos completamente enajenados. Del mismo modo, vivir sólo en el mundo de los hechos sin recurrir a la teoría, es sumergirnos en la empiria y atar nuestra existencia a un conjunto de rutinas. Por eso conviene guardar equilibrio entre teorización y aplicación como dos polos en los cuales se mueve el proceso de aprendizaje.

El aprendizaje como proceso homeostático

En los seres vivos, la mayoría de funciones se comportan de manera homeostática; como sistemas que se regulan por sí mismos, manteniendo al interior del organismo, dentro de límites poco variables, las cantidades de las diversas sustancias. ¿Puede el aprendizaje regirse por las leyes de la homeostasia? La forma como se puede manifestar la autorregulación del proceso es manteniendo equilibrio entre la inducción y la deducción, entre el análisis y la síntesis, operaciones que utilizamos de manera recurrente. Nuestra experiencia introspectiva, así parece mostrarlo.

El aprendizaje está regulado por principios

La naturaleza del aprendizaje, sus formas, sus factores y su dinámica a través del tiempo, nos sugieren ciertos principios de utilidad pedagógica. Por principios entendemos puntos de partida, de camino y de llegada; son condiciones que al mismo tiempo se proyectan como objetivos constantes; factores y efectos. Los principios que vamos a considerar son: diversidad e integralidad, ritmo y gradualidad, lúdica y esfuerzo, participación y organización, autonomía y cooperación, respeto y afecto. Son cinco binas, entre las cuales se presentan relaciones de complementariedad; los elementos de cada una de ellas, guardan, además, relaciones de equilibrio.

Diversidad e integralidad

Por buena que sea una comida y por mucho que nos guste, si la consumimos en toda ocasión, en corto tiempo, nos estará produciendo aversión. Una metodología puede ser muy buena, pero si la usamos en forma permanente, pronto cansará a los estudiantes y perderá el efecto. Los seres humanos necesitamos de la variedad. La naturaleza nos muestra que la diversidad es el factor que ha mantenido floreciente la vida sobre el planeta. Por ello, este primer principio nos habla de la *diversidad metodológica* como uno de los principales garantes que permite animar y mantener al estudiante dentro de un proceso de aprendizaje.

*Diagrama 11: Buscar la formación integral a través de la
diversidad metodológica y temática*

Al comenzar el libro, sustentamos la necesidad de superar al hombre fragmentado, el hombre disperso en varios mundos disímiles. No es el hombre para el conocimiento, sino el conocimiento para el hombre. Usualmente los planes de estudio están dispersos por áreas, las áreas subdivididas en asignaturas y éstas cercenadas en infinidad de temas. Esta distribución ha sido provechosa porque los estudiantes han tenido la oportunidad de analizar diversos campos del conocimiento. Sin embargo, navegando en un mar de detalles, se ha perdido la integralidad. Como lo enuncia la Neurociencia, la percepción discrimina los estímulos que analiza en vías paralelas; de manera simultánea, el hipotálamo integra esta información realizando un barrido por la corteza cerebral cada 25 milisegundos. Si el cerebro realiza 40 operaciones de integración por segundo; ¿por qué los docentes no vamos a ser capaces de realizar, al menos, una operación de integración en cada experiencia de aprendizaje? La integralidad es uno de los principios rectores del trabajo pedagógico; recordemos que la formación integral de las personas, es el propósito central del proceso educativo.

Ritmo y gradualidad

Si un atleta de fondo, gastara todas sus energías en los primeros cien metros de competencia, difícilmente llegaría a la meta ubicada a diez mil metros. Y si se fuera caminando, todo el recorrido, llegaría a la meta con energías, pero horas después de terminada la competencia. La *regulación de la energía* es un factor clave en la economía de cualquier proceso. En el aprendizaje, cada uno de los estudiantes tiene su propio ritmo. Descubrirlo y actuar en consecuencia, es una de las principales competencias del buen maestro. Entonces, ¿se requiere seguir siempre el mismo ritmo? Continuando con el símil de la carrera de medio fondo, nos damos cuenta que a través de ella, los atletas cambian de ritmo. En cada grupo de estudiantes, a nivel individual se manejan diferentes ritmos. ¿Es posible trabajar sobre el ritmo promedio? En apariencia es lo mejor; sin embargo, ¿cuáles son los indicadores? Descubrir qué determina el cambio de ritmo, cuándo hacerlo y cómo, es uno de los interesantes problemas de investigación pedagógica. Por lo general, al comenzar una actividad pedagógica se inicia con un ritmo relativamente lento; a medida que se incrementan los niveles de motivación, el ritmo también aumenta, finalizando la tarea, el ritmo puede disminuir a un estado de laxitud en el cual se experimenta a fondo la satisfacción de lo realizado. El ritmo es uno de los factores del rendimiento, asociado a las condiciones físicas del estudiante y a su disposición mental, al ambiente de la tarea, a la estrategia metodológica y en todo caso, al nivel de motivación.

El segundo principio de esta bina, es de mayor dominio por parte de docentes. Entendemos perfectamente que en los procesos de aprendizaje avanzamos desde lo simple hasta lo complejo; desde lo fácil hasta lo difícil. Sin embargo, hay gradientes que es preciso percibir. Lo demasiado fácil cansa; lo muy difícil, desmotiva. Aquí se presenta el mismo fenómeno del ritmo, ¿cuándo pasar de lo fácil a lo difícil? Lo complejo es así porque contiene diversos elementos o variables asociadas. Volverlo fácil es descomponerlo en elementos sencillos. En sentido contrario, a los estudiantes, se les puede llevar de lo fácil a lo difícil, incrementando los niveles de complejidad; es decir introduciendo a las situaciones o a los problemas, nuevos elementos o variables. En esto consiste la gradualidad; ir paso a paso. ¿Es necesario trabajar hasta que lo difícil se vuelva fácil, para poder continuar? No necesariamente, lo más importante es que los estudiantes aprendan a descomponer lo complejo en elementos sencillos.

Figura 2:
El aprendizaje es un camino en el cual se avanza desde lo fácil a lo difícil, a ritmo razonablemente sostenido

Ritmo y gradualidad son dos principios inmersos en la dinámica del aprendizaje, contribuyen de manera definitiva, a hacer del estudio una actividad regulada. A partir de estudios sistemáticos de nuestras prácticas pedagógicas, los docentes encontraremos nuevas inquietudes, también hallaremos la forma de investigar para mejorar nuestra comprensión sobre estos interesantes procesos.

Lúdica y esfuerzo

Un estudiante puede leer una novela con angustia porque al otro día necesita presentar un resumen oral a su profesora; o puede seguir con entusiasmo el curso de la trama, despreocupado del tiempo y de la sustentación. La actividad de leer puede ser tormentosa o agradable. Usualmente a ciertas actividades se les denomina *"lúdicas"* como si las lúdicas fueran clases de hechos. La lúdica es la *actitud de agrado* con que se hace algo. Se puede estar jugando con lúdica o con traumatismo. Por naturaleza, los seres humanos somos lúdicos; tendemos a realizar actividades que nos producen goce, placer y posibilidades de disfrute (León, 1998). Aprender a imprimir lúdica a todas las actividades pedagógicas, es hacer de la institución educativa un mundo feliz.

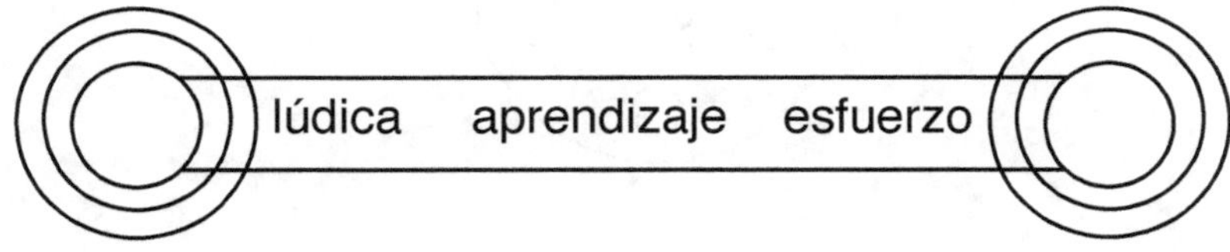

Diagrama 12: La lúdica y el esfuerzo son dos polos del mismo proceso

No obstante de lo anterior, enfrentar lo difícil, a ritmo fuerte y sostenido, requiere esfuerzo, que no siempre resulta agradable. Esta objeción a la lúdica es real. Las grandes empresas cognitivas, requieren concentración, dejar de lado otras actividades que indiscutiblemente son más agradables. Que nuestros estudiantes aprendan a soportar jornadas intensas; y que éstas no los traumaticen, es vital, si queremos formarlos como personas competentes. El esfuerzo está relacionado con el ritmo y con el nivel de tolerancia que pueden soportar nuestros estudiantes; también con el grado de motivación que ellos tengan.

Lúdica y esfuerzo aparecen como dos polos del proceso de aprendizaje. ¿Cuándo desplazarse hacia uno o hacia otro? Tomar la decisión conveniente requiere la sabiduría del profesor. Sin embargo, surge una nueva pregunta ¿es posible un esfuerzo lúdico? Los grandes competidores, cuando se exigen al límite de las condiciones, pueden ayudarnos a encontrar la respuesta. Al parecer, ellos, en el momento, llevan su esfuerzo al borde del sacrificio, convencidos que la recompensa vendrá después.

Participación y organización

Hemos señalado con insistencia que la interactividad es uno de los principales factores que determina el aprendizaje. Participar es interactuar. Muchas de las cosas que decimos o hacemos los profesores, las pueden decir o hacer los estudiantes. Así no las digan o las hagan bien, si les facilitamos las oportunidades, pronto aprenderán, e incluso podrán superarnos. La estrategia del buen docente es incrementar los niveles de participación entre sus estudiantes, en todas y cada una de las actividades orientadas al aprendizaje.

Figura 3: La organización es el engranaje de la participación

La participación implica organización; sin ella, se queda apenas en buenas intenciones y en un medio seguro para generar conflictos. ¿Qué tipo de organización es la mejor? En la organización se puede aplicar el principio de la diversidad. Todo tipo de estructura grupal, e incluso el trabajo individual es productivo, si se hace de la mejor manera posible. En tal sentido, vamos a reseñar los dos formatos clásicos de organización que se pueden implementar en un curso determinado: el individual y el grupal.

El trabajo individual es conveniente para atender y dar curso al desarrollo particular de cada estudiante, como persona única e irrepetible. Se puede efectuar trabajo individual en casi todos los campos. Lo importante es que el estudiante esté motivado, entienda lo que está haciendo y comprenda el beneficio cognitivo de su trabajo.

El trabajo grupal es pretendido por casi todos los docentes. A menudo afirmamos que la actividad en equipo es una especie de laboratorio en donde se forja la sociedad del futuro; es el campo de juego donde se inician las comunidades artísticas, académicas y científicas; también donde se forjan los grandes empresarios. El trabajo en equipo tiene un conjunto de problemas; por ejemplo, los niños más aventajados y mejor motivados, generalmente monopolizan la participación; mientras los demás, se acomodan en el grupo de tal manera que están pero no actúan.

¿Cómo hacer para que los estudiantes trabajen en grupos dinámicos en los cuales se distribuya la participación de manera racional? La vida de un grupo se inicia con la conformación, avanza con la consolidación, declina con la desmotivación y muere con la dispersión. En la conformación de grupos se dan tendencias naturales de empatía que es conveniente reconocer, respetar y apoyar. La conformación de un grupo no puede darse con la simple orden "¡organícense en grupos!". Es necesario dar tiempo para que los estudiantes se conozcan y tengan la oportunidad de escoger sus propios compañeros. La consolidación del grupo se da a través del trabajo constante, con dirección y liderazgo. Este último aparece como reconocimiento de los integrantes, al más destacado, a quien participa más y mejor. La participación intensa y el aporte significativo al desarrollo de la tarea, es el mejor camino al liderazgo. Participación y liderazgo van de la mano. La madurez de un grupo se muestra por el tiempo que permanece consolidado y productivo. Sin embargo, los grupos, como cualquier sistema, tienden a degradarse. La desintegración ocurre porque se pierde la motivación o se abandona el objetivo para el cual fue constituido. El éxito de los docentes en este campo consiste en generar solidez en los grupos de trabajo para que se mantengan a través del tiempo. Para ello es recomendable hacer que los miembros del grupo reflexionen periódicamente sobre su desempeño y el de los compañeros. Algunos docentes, además orientan a sus estudiantes para que roten en la composición de los grupos evitando el cansancio y la desintegración.

El tamaño de los grupos depende del tipo de tarea que se realice. El trabajo de grupos pequeños facilita la participación activa de sus integrantes. Si embargo, algunas tareas, por su naturaleza requieren de grupos numerosos, tal es el caso de algunos juegos competitivos, deportes colectivos, representación de obras de teatro, entre otros.

La duración de un grupo depende principalmente de dos factores: la edad de los integrantes y el tipo de trabajo a realizar. Los niños tienden a formar grupos efímeros. A medida que se incrementa la edad, los jóvenes van desarrollando sentido de pertenencia y por lo tanto la duración puede ser mayor. Lo mismo ocurre con el tipo de trabajo. Para un juego competitivo, el grupo puede durar pocos minutos; si se trata de un torneo deportivo, los grupos pueden durar algunas semanas; y si se trata de elaborar proyectos, los grupos permanecen durante meses. En algunos colegios, los estudiantes aprenden a usar su tiempo libre participando en clubes de ciencia, literatura, matemática, etc. En estos casos, los grupos mantienen su actividad por varios años y sus miembros pueden entrar, permanecer o salir de manera voluntaria.

De acuerdo con su composición, los grupos pueden ser cerrados o abiertos. En los grupos cerrados todos los miembros permanecen desde el comienzo hasta el final del trabajo o proyecto. En los grupos abiertos los miembros entran y salen frecuentemente; es el caso de los clubes.

En síntesis, la organización constituye un valioso soporte para que las experiencias de aprendizaje puedan desarrollarse de manera exitosa. Siguiendo el principio de la diversidad, es preferible tener una organización variada, en donde se combine racionalmente el trabajo individual con el de pequeños y medianos grupos, en estructuras flexibles que cambian y se renuevan a través del tiempo.

Autonomía y cooperación

En épocas pasadas cuando se carecían de medios de reproducción masiva de la información, la autonomía era poco necesaria porque bastaba el conocimiento del maestro que trataba de ser "enseñado" a los niños. Hoy los niños y los jóvenes tienen acceso a diversas fuentes y tipos de información. En el futuro las fuentes y las formas se multiplicarán a estados, hoy inimaginables. En este mundo, altamente cambiante y enriquecido con abundante información, el aprendizaje autónomo se convierte en una necesidad imprescindible. La autonomía implica pensar por su propia cuenta, aprender por sí mismo, tomar sus propias decisiones y actuar en consecuencia. Nos interesa el aprendizaje autónomo, para lo cual es conveniente que cada estudiante aprenda a valorar su propio conocimiento y concebir y llevar a cabo su propio plan de gestión cognitiva. Por ello es muy importante la implementación de estrategias metacognitivas, que estudiaremos más adelante.

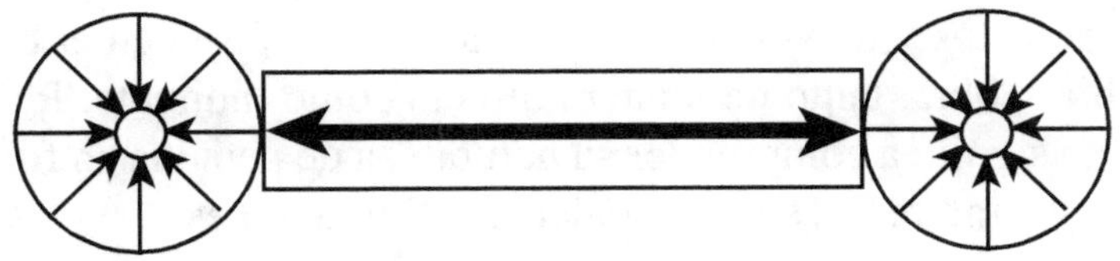

Figura 4: La autonomía y la cooperación es un dúo fuerte y dinámico

Si la autonomía no se complementa con la cooperación, puede llevar a la malformación del ser humano, convirtiéndolo en solitario y muy posiblemente, egoísta. La cooperación es el complemento de la autonomía. Por naturaleza el hombre es un ser social y para su supervivencia, siempre necesita de otros, de su misma especie. La cooperación surge del hecho de que nadie es capaz de saberlo todo, que nadie es capaz de hacerlo todo. Los grandes proyectos de la humanidad han sido producto del trabajo colectivo. Cuando el trabajo es cooperativo, los esfuerzos se distribuyen de manera racional, en función de las capacidades de cada cual; también los beneficios se dividen de manera racional, en función de los esfuerzos de cada uno. En esencia, la educación es un trabajo solidario, y para que los esfuerzos y los resultados se repartan de manera racional, se requiere organización: Un grupo de estudiantes bien orientado puede ser capaz de llevar a cabo su propia gestión de conocimiento. Las grandes empresas requieren del trabajo en equipo. Las sociedades altamente organizadas y estables se basan en el trabajo cooperativo.

La conformación de equipos de estudiantes que actúen simultáneamente con los principios de la autonomía y de la cooperación, es la base para la ulterior conformación de una sociedad más equilibrada y estable.

Respeto y afecto

"Más de la mitad del éxito en todo proceso educativo se basa en el afecto y el respeto al estudiante; menos de la mitad, lo constituye la Pedagogía." El anterior aforismo, podríamos transformarlo diciendo que la mejor Pedagogía es la del afecto y la del respeto; que no puede existir buena

Pedagogía si no se promueven y se practican estos dos principios. ¿Qué es el afecto? ¿es tolerancia? ¿aceptación? El afecto parte del conocimiento y reconocimiento del otro como persona íntegra, implica la aceptación con todos sus valores, intereses, necesidades y potencialidades; también con sus defectos y debilidades. El afecto se manifiesta en el buen trato de palabra y obra, tanto de manera directa como indirecta. Respetar al estudiante significa comprender su naturaleza de persona en formación, entender sus intereses, sus capacidades y limitaciones.

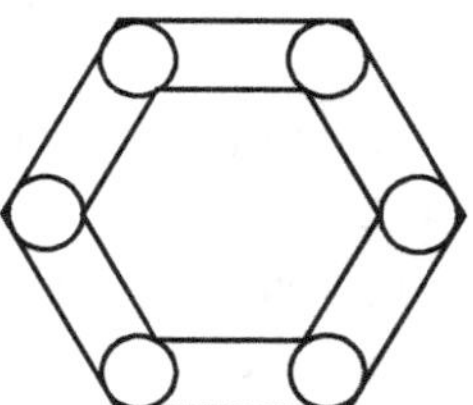

*Figura 5: El respeto y el afecto constituyen una doble fortaleza
en el proceso de aprendizaje*

En nuestra sociedad existe respeto sin afecto y también, afecto sin respeto. Para formar personas equilibradas es conveniente desarrollar con los estudiantes lazos de afecto basados en el respeto. Partiendo del supuesto que los profesores, nos relacionamos entre sí en términos de respeto y de afecto y que tratamos a los estudiantes de esta misma manera, nos surge un interrogante. ¿Qué hacer para que los estudiantes se respeten unos a otros y convivan con lazos de afecto? El punto inicial, como ya lo señalamos es el respeto y el afecto por parte del profesor. A partir de esta actitud permanente, en el aula de clase se va generando un ambiente propicio. Construir un ambiente de respeto y de afecto es el medio y también el objetivo. Ello se logra desarrollando experiencias variadas en donde los estudiantes compartan diferentes estados emocionales. El trabajo solidario, con autonomía y cooperación, alimenta los lazos de afecto y fortalece el respeto entre las personas.

Como puede entenderse, diversidad e integración, ritmo y gradualidad, lúdica y esfuerzo, participación y organización, autonomía y cooperación, respecto y afecto; constituyen puntos de partida, de camino y de llegada; medios y fines a la vez. Entre ellos existen relaciones de complementariedad e interdependencia. El buen educador los mantiene en mente, durante el trabajo cotidiano expresado en las diversas experiencias de aprendizaje y a través de diferentes estrategias metodológicas.

Conclusiones

La hipótesis de trabajo es que el aprendizaje sigue las mismas leyes del desarrollo: a partir de una globalidad relativa se originan procesos de diferenciación regulada, articulación coherente e integración jerárquica. De otra manera, el aprendizaje es consecuencia y prolongación del desarrollo. El desarrollo del aparato cognitivo sigue estos principios y otros específicos, propios del sistema nervioso; al cabo de este proceso, el cerebro está preparado para integrar información que le llega de manera convergente por diferentes vías sensoriales. Al mismo tiempo distribuye información para actuar a través de distintas vías divergentes. Unas y otras actúan de manera sincronizada.

El conocimiento es representación de la realidad y la capacidad para actuar sobre ella. Dada la arquitectura del aparato cognitivo, el conocimiento es una tendencia natural de los seres humanos. Como el aprendizaje es conocimiento en evolución; los seres humanos también tenemos una disposición natural para el aprendizaje. Comprender esto es de vital importancia para los educadores, porque los niños y los jóvenes llegan a la institución educativa con esa disposición. Nuestra actitud como docentes es dar respuestas positivas a esa disposición natural para encausarla e incrementarla.

Aprendemos de manera implícita y explícita. Esto implica que los estudiantes aprenden de manera directa de nuestro comportamiento y también de manera conciente de todo aquello que les orientamos. Los factores del aprendizaje están determinados por elementos internos y externos al sujeto que aprende. En consecuencia, el nuevo rol del maestro es diseñar ambientes agradables y dirigir experiencias de aprendizaje significativas, incrementando la motivación de los estudiantes.

Dado que el aprendizaje sigue una dinámica natural, nos corresponde a los educadores buscar equilibrio entre operaciones de análisis y síntesis, deducción e inducción, teorización y aplicación. La naturaleza de esta dinámica, nos sugiere desarrollar la actividad pedagógica según algunos principios como: diversidad e integralidad, ritmo y gradualidad, lúdica y esfuerzo, autonomía y cooperación, participación y organización, respeto y afecto.

La maravillosa tarea de educar será más agradable, efectiva y satisfactoria para los docentes si comprendemos a fondo la naturaleza del ser humano, especialmente de los principios y de la dinámica que rigen al desarrollo y al aprendizaje.

Ejercicios de aplicación y profundización

El desarrollo de ejercicios es una estrategia de aprendizaje. Con el fin de continuar aportando a la comprensión del desarrollo y del aprendizaje, planteamos los siguientes ejercicios, algunos de ellos están orientados a la reflexión y profundización, otros, a la aplicación de los conceptos expuestos. Entre todos ellos, puede resolver aquellos que considere de mayor interés y pertinencia.

1. ¿Está de acuerdo con que el problema central de la educación es la formación de hombres fragmentados? Justifique su respuesta.

2. La competencia se ha enunciado como saber hacer y saber actuar en contexto, comprendiendo lo que se hace o se dice, asumiendo las implicaciones de las actuaciones y modificando los contextos a favor de la convivencia humana. De acuerdo con el anterior concepto de competencia, ¿cuál es el principal rol del docente para hacer de sus estudiantes, personas competentes?

3. Está de acuerdo en los cuatro ejes del desarrollo humano: biológico, intelectual, social e intrapersonal. Teniendo en cuenta que cada uno de ellos implica a los otros, elabore un diagrama para representar las relaciones.

4. Se han planteado nueve competencias básicas. Considera que hace falta definir alguna que se considere fundamental ¿Cuál sería su formulación?

5. ¿Está de acuerdo que el trabajo desde cualquier área se oriente al desarrollo de las competencias básicas de los estudiantes?

6. ¿Cuál es la importancia de que los educadores conozcamos a fondo los procesos de desarrollo del ser humano?

7. ¿Comparte la teoría de la ortogénesis planteada por Werner?

8. ¿Comparte la idea de que el aprendizaje está regulado por los mismos principios que orientan el desarrollo: diferenciación, articulación, integración y crecimiento?

9. La estructura del aparato cognitivo presenta centros de relevo, los cuales integran la información sensorial que llega por distintas vías convergentes, también distribuye información por vías divergentes, con el fin de dirigir la acción. ¿Qué relación existe entre esta arquitectura y el concepto de competencias? ¿Cuáles serían las implicaciones pedagógicas derivadas de esta manera de funcionar del aparato cognitivo?

10. Piaget sugirió que el aprendizaje de las Matemáticas se presenta por asimilación, acomodación y equilibración. ¿Estas características podrán presentarse en el aprendizaje de otras áreas de estudio?

11. La Epistemología genética de Jean Piaget plantea que el desarrollo cognitivo sigue etapas bien definidas a manera de estadios y subestadios. La mayoría de enfoques alternativos no considera etapas en este desarrollo. ¿Cuál es su postura al respecto?

12. Si el aprendizaje es conocimiento en evolución, ¿qué ocurre con el olvido? ¿Por qué, a veces, al aprender algunas cosas, se nos olvidan otras?

13. Si nuestros estudiantes aprenden de manera explícita e implícita, ¿cuáles son las implicaciones pedagógicas? ¿cuáles son los roles del docente?

14. Se sabe que el aprendizaje está determinado por factores internos y externos al sujeto que aprende. ¿De qué manera, los factores externos interactúan con los internos?

15. En el colegio B cierto grupo de profesores cree que su área es la más importante y avanzada de todas; cada uno de los profesores del grupo, a su vez, piensa que él es quien más domina la materia. En consecuencia, los profesores de esa área viven aislados entre sí, los demás, poco dialogan con ellos y no los tienen en cuenta en las diferentes actividades de la institución. Si Usted fuera el coordinador académico de ese colegio, ¿qué secuencia de acciones adelantaría para integrar a todos los profesores de la institución mejorando de manera notable el ambiente humano?

16. Felipe es un estudiante de grado Octavo con bajo nivel de comprensión conceptual en tres asignaturas de estudio. Como poco entiende, no cumple a cabalidad con sus tareas. Por lo tanto, los resultados de las evaluaciones son insuficientes, lo cual le produce desmotivación para estudiar. Si Usted fuera profesor de una de las tres asignaturas, ¿cómo ayudaría a Felipe, a salir de este ciclo de realimentación negativa que lo mantiene desmotivado?

17. Un curso de 30 estudiantes resuelve una batería de 15 ejercicios. ¿Cómo organizaría a los estudiantes y qué secuencia de actividades sugiere para que todos ellos comprendan todos los ejercicios, en el menor tiempo posible, sin tener como profesor que revisar a cada estudiante los diferentes ejercicios?

18. Generalmente los planes de estudio de las asignaturas están organizados en una serie de temáticas específicas, configuradas como unidades. En el proceso de aprendizaje de algo nuevo, se inicia con una globalidad indiferenciada, luego se discriminan los elementos y finalmente se integran. ¿De qué manera se desarrollarían estos planes de estudio para mantener constantes los procesos de análisis y síntesis?

19. Al profesor Genaro le ha gustado trabajar siempre con guías didácticas. Aunque esta metodología es buena, sus estudi-

antes, se sienten cansados. ¿Cuál o cuáles de los principios que regulan el aprendizaje no ha tenido en cuenta el profesor Genaro?

20. Hemos hablado de doce principios (organizados por binas) que orientan las experiencias pedagógicas. De acuerdo con el significado de cada uno de ellos, elabore un grafo o un diagrama en el cual se pongan de manifiesto las relaciones entre estos principios.

2

Implementación pedagógica

Horizonte

Con el fin de asegurar el desarrollo de las competencias, en este capítulo se explica cómo organizar experiencias de aprendizaje incorporando diversas estrategias metodológicas para llevarlas a cabo.

Brevemente

Tener claridad sobre la naturaleza del desarrollo y del aprendizaje es de vital importancia para nosotros los educadores. Ahora la pregunta capital es ¿cómo procedemos para que nuestros estudiantes aprendan y desarrollen las competencias? El nuevo rol del docente está orientado al diseño de ambientes y experiencias de aprendizaje. Las experiencias son actividades estructuradas en las cuales se usan estrategias metodológicas para asegurar el alcance de los logros. Las estrategias metodológicas operan a manera de caminos a través de los cuales se asegura el aprendizaje. Se pueden clasificar en cognitivas y metacognitivas según se orienten hacia la consolidación de las estructuras cognitivas o a la regulación del proceso. Las cognitivas tienen por objeto la construcción de las estructuras del conocimiento expresado en términos de comprensión y aplicación conceptual. Comprensión y aplicación son las dos caras del conocimiento, una implica a la otra. La comprensión asegura el entendimiento de las circunstancias en las cuales nos movemos los seres humanos e implica a los conceptos como categorías cognitivas para interpretar regularidades que se encuentran en la realidad. Entre las estrategias cognitivas orientadas a la comprensión se cuentan la observación y análisis de hechos, el diseño y desarrollo de experimentos, la representación del conocimiento, la lectura, la exposición, los juegos didácticos, los juegos de roles. La aplicación es la forma como el conocimiento se manifiesta en situaciones prácticas relacionadas con los problemas y las necesidades de la subsistencia humana, por lo tanto, implica comprensión. Entre este tipo de estrategias figuran el desarrollo de ejercicios, el estudio de casos, el planteamiento y solución de problemas, y el diseño y desarrollo de proyectos.

Las estrategias metacognitivas están orientadas a la toma de conciencia y a la regulación del proceso cognitivo por el propio estudiante. Entre ellas figuran la retrospección, la reconstrucción y la prospección. La retrospección ocurre como un barrido de la memoria sobre la historia del proceso para reconocer los logros y dificultades. La reconstrucción es una especie de balance o de inventario sobre lo que se sabe en un momento determinado. La prospección se realiza como una visualización de las actividades futuras de aprendizaje y se concreta en un plan de gestión cognitiva. Las anteriores estrategias se denominan metacognitivas porque contribuyen desde la regulación del proceso a la consolidación del conocimiento.

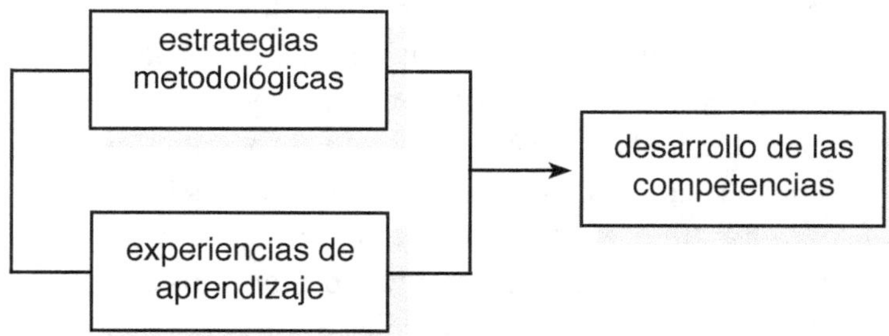

Diagrama 13: En las experiencias de aprendizaje se usan estrategias metodológicas para el desarrollo de las competencias

El panorama de las anteriores estrategias es alentador para desarrollar la acción pedagógica con diversidad. Sin embargo, se quiere que esa acción sea fluida, en el sentido de brindar a los estudiantes escenarios naturales para el aprendizaje. Por eso, se hace necesario el diseño de experiencias de aprendizaje en las cuales se conecten de manera coherente estrategias de diferente tipo. Integrar estrategias metodológicas en experiencias fluidas de aprendizaje, es la forma como orientamos el trabajo pedagógico al desarrollo de las competencias por parte de los estudiantes.

Estrategias metodológicas

Los ambientes propicios, desde el punto de vista físico y humano, se constituyen en el requisito fundamental para el desarrollo de las competencias, pero no son suficientes. Es necesaria la experiencia, como un conjunto de actividades que induzcan cambios en las estructuras cognitivas y en los patrones de comportamiento. El aprendizaje se codifica mediante modificaciones en las conexiones sinápticas; por ello, "la experiencia modela los circuitos neuronales." (Kandel & otros, 1997: 502). Es tanto el poder de la experiencia que modifica la estructura de la corteza cerebral, es la base fundamental sobre la cual sucede el aprendizaje.

¿Cuál es el papel del docente frente a las experiencias de los estudiantes? Una visión moderna de la Pedagogía, ubica al docente como un diseñador y orientador de experiencias de aprendizaje, que hace evolucionar el conocimiento a niveles superiores, expresados en una mejor comprensión y una mejor actuación del estudiante frente a la realidad.

Podemos organizar experiencias de aprendizaje a través de estrategias metodológicas. En sentido general, una estrategia es una actitud constante que se mantiene a través de una serie de actividades y que busca a través de ellas el cumplimiento de un determinado objetivo. También se puede ver la estrategia como un conjunto de reglas para asegurar la mejor decisión en cada momento.

En el campo pedagógico, la estrategia metodológica se puede concebir como un conjunto de actividades que por su estructura orgánica, incrementa la probabilidad de obtener un determinado logro. A través de la práctica, los educadores hemos venido utilizando diversas estrategias.

Para una mejor comprensión vamos a clasificarlas en cognitivas y metacognitivas. Las estrategias cognitivas se orientan a la consolidación de las estructuras cognitivas y las metacognitivas, al control del proceso por parte del sujeto que aprende.

Las estrategias cognitivas, a su vez pueden estar orientadas a la comprensión, o a la aplicación de conceptos. Aunque estas dos categorías, comprensión y aplicación, son difíciles de separar en el terreno de la práctica, aquí se realiza esta clasificación, con el fin de mejorar nuestra comprensión sobre ellas y regular su uso en el terreno pedagógico.

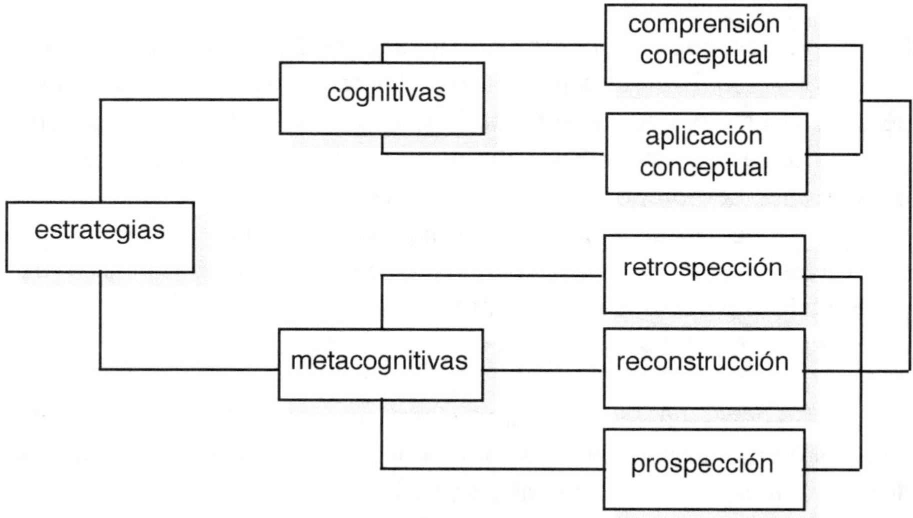

Diagrama 14: Taxonomía de las estrategias metodológicas, definidas como caminos seguros para aprender

Estrategias cognitivas

La cognición es entendida como procesamiento de representaciones mentales, cuyo objeto es la consolidación de conocimiento. Las estrategias cognitivas organizan los procesos de razonamiento facilitando la estructuración, y mejorando la eficiencia en el aprendizaje.

Teniendo en cuenta que el conocimiento puede ser declarativo o procedimental, las estrategias cognitivas se orientan hacia la comprensión o aplicación de conceptos. El desarrollo intelectual depende en buena medida de la claridad con que se manejen los conceptos lo cual es necesario para su aplicación. La comprensión y la aplicación no son categorías dicotómicas, son dos dimensiones interdependientes que desde el punto de vista metodológico conviene separar para entenderlas mejor, pero que en la práctica depende una de otra: la comprensión determina en buena parte la aplicación, y ésta consolida a aquella.

Estrategias orientadas a la comprensión

De acuerdo con la visión de Perkins (1995), comprender es la capacidad de pensar y actuar de manera flexible frente al conocimiento que se posee. La teoría de la *Enseñanza para la Comprensión*[1] propone un desarrollo metodológico basado en tópicos generativos, metas de comprensión, desempeños de comprensión y valoración continua. Los tópicos generativos son temáticas dentro de una disciplina o conjunto de ellas que permiten la organización del conocimiento. Las metas de comprensión son concebidas como grandes propósitos que actúan a manera de hilos conductores para mantener el interés y la motivación del estudiante. Los desempeños de comprensión son aquellas acciones del estudiante a través de las cuales demuestra su comprensión sobre un tema o problema. Mediante la valoración continua el estudiante identifica su nivel de comprensión y recibe retroalimentación permanente del docente (Blythe, 1998).

La comprensión se dirige, de manera prioritaria, al entendimiento de los conceptos, los cuales son elaboraciones mentales, producto de la cognición, son categorías que expresan regularidades a través de un conjunto de atributos, en un marco o delimitación. En otras palabras, el concepto es un sistema, entendido como un conjunto de elementos con su correspondiente conjunto de relaciones, que mantiene a su vez relaciones con otros sistemas: *el concepto es un sistema representacional abierto*. Comprender un concepto es delimitar el campo de la realidad al cual hace referencia, es identificar sus elementos y las relaciones entre

---

1   La enseñanza para la Comprensión fue un de los trabajos del gran Proyecto Cero, liderado por David Perkins y Howard Garder en la Universidad de Harvard

los mismos, es identificar sus atributos o propiedades producto de la organización de los elementos, es enunciar las regularidades que expresa, es encontrar sus relaciones con otros conceptos. Todo concepto implica organización.

Por ejemplo, el *concepto* de *átomo* es una demarcación mental a un nivel estructural de la materia: la mínima parte de una sustancia pura simple. Sus componentes son las partículas y subpartículas que lo constituyen. Las relaciones entre sus elementos son la manera como están organizadas las partículas, unas en relación con otras, son también las fuerzas y los campos que se generan. Sus atributos o características son producto de la organización, hacen referencia a estructura, dinamismo, tamaño. El concepto de átomo está relacionado con otros conceptos como vacío, ión, molécula, sustancia, materia. Al comprender aquellos conceptos también se comprende mejor el concepto de átomo, y viceversa.

Los educadores creemos que los estudiantes deben comprender algunos conceptos considerados básicos, porque de ello depende su éxito en el dominio de cualquier campo del conocimiento. Por esto, vale la pena estudiar las estrategias orientadas hacia la comprensión como las siguientes: observación y análisis de hechos, diseño y desarrollo de experimentos, representación de conocimiento, lectura, exposiciones, juegos de roles y juegos didácticos.

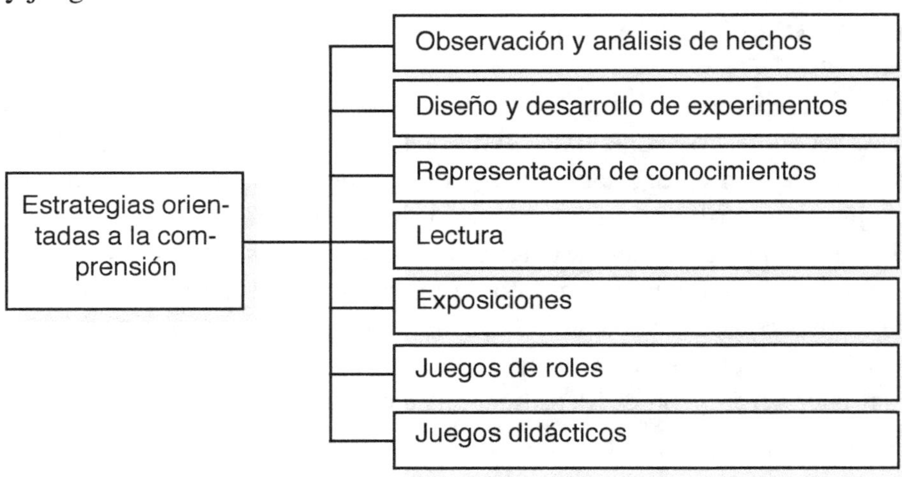

Cuadro Sinóptico 2: Las estrategias cognitivas orientadas a la comprensión permiten el manejo flexible del conocimiento disponible

Observación y análisis de hechos

Se ha creído que la observación es un asunto que compete de manera exclusiva a las actividades de ciencias. Se habla de la observación como la puerta de entrada al llamado "método científico". ¿En qué consiste la observación y cuál es su valor pedagógico? Recordemos que las entidades inteligentes perciben el entorno y actúan de manera consecuente. La observación es la base de la percepción, es el acto conciente para captar información selectiva, la cual se interpreta a la luz de la experiencia previa o del estado de conocimiento. La neurociencia nos ha mostrado que durante el proceso perceptivo, el sistema nervioso, discrimina información a través de diferentes vías y luego la integra en ciertas regiones cerebrales. Siguiendo el precepto de *"aprender de la naturaleza"*, este proceso neural nos da pistas para abordar de manera pedagógica la observación.

Una buena observación surge de una intención cognitiva: adquirir información acerca de algo o comprender determinado hecho o fenómeno. Debe existir algún motivo o razón que justifique la actividad de observar, de lo contrario, será difícil derivar aprendizaje. Suponiendo que existe la intención, ¿cómo lograr una buena observación? De acuerdo con la exposición del párrafo anterior, el buen observador capta el cuadro general, discrimina sus componentes, identifica las relaciones y luego vuelve a percibir una integridad enriquecida.

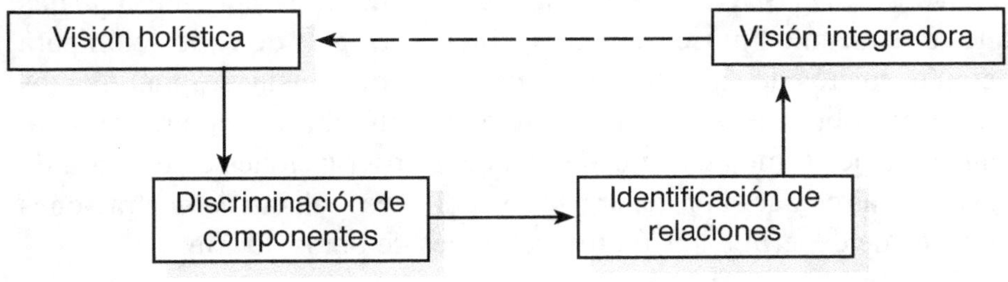

Diagrama 15: Estructura cíclica de la observación. Se observan totalidades y después de un proceso analítico se obtiene una visión integral

Tipos de observaciones

De acuerdo con la intervención del observador, la observación puede ser activa o pasiva; *activa*, si el observador se involucra en lo observado; *pasiva*, si no se inmiscuye. En algunas situaciones, dependiendo del riesgo que pueda tomar el observador, es preferible la observación pasiva; en otros, es conveniente la intervención del observador, cuando no representa riesgos y además porque incrementa el nivel de aprendizaje.

De acuerdo con la ocurrencia del fenómeno, la observación puede ser directa o indirecta. *Directa*, si se realiza en tiempo real, en el mismo momento en que ocurre, por ejemplo, la observación de un cultivo, la creciente de un río, la estructura de un edificio, el desarrollo de un carnaval, etc. Este tipo ofrece una gran variedad de aspectos a observar de manera simultánea. La observación *indirecta* es aquella que se efectúa a través de un medio de registro de información, por ejemplo, un mapa, un plano, una cinta de audio o video. Estas observaciones ofrecen la ventaja de volver sobre fragmentos que no se hayan podido apreciar de manera clara. También permiten observar en detalle un proceso, en cámara lenta o, en cámara rápida para apreciar de manera simplificada un fenómeno de larga duración.

Según el lugar donde se realice, la observación puede ser en espacio abierto o en espacio cerrado. Los *espacios abiertos* permiten la visualización de un fenómeno amplio, en contextos naturales bien sean en áreas rurales o urbanas. Las observaciones en campo cerrado son aquellas que se realizan en museos, teatros, cinemas o salas de exposición para detallar objetos de valor histórico, constatar documentos, monumentos o apreciar obras de arte como pintura, escultura, arquitectura, música, teatro y cine. También se pueden realizar observaciones en el salón de clase, en las cuales el profesor o los estudiantes realizan demostraciones bien sea de experimentos o presentaciones de obras de arte.

Un ejemplo: observando la diferencia entre campo y ciudad

Supongamos que vamos a realizar una observación con nuestros estudiantes con el fin de efectuar una comparación entre campo y ciudad. Existen, al menos, dos alternativas procedimentales: observar un sector de la ciudad, y luego un sector agrario; u observar una zona limítrofe entre la ciudad y el campo. Tomemos, para nuestro ejemplo, esta segunda opción.

La primera etapa la podemos denominar *inducción*, con el fin de fortalecer la "intención cognitiva" podemos plantear con nuestros estudiantes preguntas sobre el paisaje y sobre la cultura en cada uno de los sectores. Así, indagamos sobre la fauna, la flora, el estado atmosférico, la arquitectura, la economía, la educación, los servicios públicos y las costumbres de quienes habitan cada uno de los ámbitos. Esta primera fase la podemos enriquecer con lecturas, análisis, comentarios, observación de gráficos, paisajes, cuadros, diagramas, etc. Lo importante de esta etapa es despertar interés por el tema o problema a tratar.

La segunda etapa es de *preparación* en la cual se considera la ruta a seguir y se diseña una guía de observación, la cual puede ser elaborada por los mismos estudiantes con la orientación del profesor. También se preveé la utilización de dispositivos de registro de información como cámaras fotográficas, videograbadoras, cuadernos de apuntes, etc.

La tercera fase es propiamente la *observación de campo* u observación sobre el terreno. Para ello es conveniente seguir el esquema operativo y organizativo contenido en la guía. Una vez nos hemos desplazado al lugar indicado procedemos a observar de manera general los diferentes aspectos (naturales y culturales). Luego realizamos observaciones focalizadas: la estructura del paisaje, las características topográficas, las propiedades del suelo, los olores, los colores, las formas, la estructura arquitectónica, las características de la población, su forma de vida cotidiana, las actividades económicas, la recreación, el deporte, las costumbres, etc. Cada uno de estos aspectos se observan de manera comparativa: campo y ciudad; luego se establecen relaciones entre los diferentes elementos observados. En lo posible, conviene interactuar con el medio, ojalá dialogando con las personas que habitan el lugar. Después de la observación focalizada, volvemos a la observación integradora: los elementos diferenciados se enriquecen en una visión, de nuevo holística que permita percepciones generalizadoras.

La última fase es la *reconstrucción* de lo observado, lo cual podemos hacerlo en el salón de clase o en las casas de los estudiantes, a manera del trabajo complementario. Se realiza un registro escrito de lo observado, a partir del cual se inducen procesos de análisis, síntesis y conceptualización. Las relaciones entre los diferentes elementos reconstruidos sirven de base para realizar inferencias y producir conclusiones.

Fase	Objetivo	Actividades	Recursos
Inducción	Despertar interés por el tema o problema.	Lecturas, diálogos, observación de fotos, videos, etc.	Libros, revistas, fotos, videos...
Preparación	Planear y organizar la observación.	Determinación del tema o problema. Elaboración ruta de recorrido y guía de observación.	Logísticos y materiales
Observación de campo	Percibir del hecho o fenómeno, la información relevante.	Observación general. Observación focalizada. Identificación de relaciones. Observación integral comparativa.	Ruta y guía. Instrumentos de registro de información: cámaras, videograbadoras, cuadernos, etc.
Reconstrucción	Analizar el tema o problema y conceptualizar.	Descripción del fenómeno o narración del hecho. Análisis desde la teoría. Elaboración de conclusiones.	Información recopilada: escritos, fotos, videos.

Tabla 1: Fases del proceso de observación explicadas a través de un ejemplo

Observaciones en cada una de las áreas de estudio

En cada una de las áreas de estudio se pueden efectuar observaciones como estrategia metodológica para iniciar una unidad de trabajo académico. En Lenguaje, por ejemplo, se puede observar la forma como hablan las personas, la estructura de las ideas, la pronunciación, la entonación; etc.

En Matemáticas, se pueden observar colecciones de objetos, a partir de los cuales, se inicia el estudio de operaciones o funciones. En el campo de la Geometría, la percepción de las formas y su contacto con ellas, es básico para inducir los conceptos fundamentales como líneas, ángulos, planos, figuras y cuerpos geométricos. La forma como proyectan sus sombras los postes, los edificios, los árboles y las montañas son muy útiles para la comprensión de los conceptos trigonométricos.

En Ciencias Naturales es muy usual la observación de los fenómenos físicos, químicos y biológicos. En Ciencias Sociales, se pueden efectuar observaciones directas de los accidentes geográficos, las condiciones climáticas, la densidad demográfica, la flora y la fauna, las actividades económicas, los medios de transporte y comunicación, las costumbres, etc. Para apoyar el aprendizaje de Tecnología, las observaciones se efectúan sobre máquinas y aparatos domésticos e industriales y, la manera como las personas interactúan con ellos.

En Educación Física, se observa la mecánica de los movimientos, el desarrollo de los eventos deportivos, etc. En estética, la observación es vital en los procesos de producción y apreciación artísticas; en ética, las actitudes de las personas, en diversas circunstancias. En general, todo objeto de conocimiento tiene su relación con la realidad, y por lo tanto, existen hechos qué observar y analizar.

Estas observaciones se pueden efectuar de manera directa percibiendo el fenómeno en tiempo real; pero si se quiere ahondar en el proceso se recurre a dispositivos de registro como grabadoras o videograbadoras.

Diseño y desarrollo de experimentos

También solemos creer que los experimentos son asunto privado de las ciencias naturales. Como lo vamos a ilustrar, estas actividades pueden realizarse en cualquier campo del conocimiento, porque toda actividad cognitiva tiene un referente real, y con la realidad se puede experimentar. Armar un experimento es intentar predecir resultados que luego se prueban mediante la variación sistemática de condiciones de control, lo que suele denominarse "control de variables". Experimentar no es lo mismo que ensayar: *el ensayar surge de la improvisación; el experimento de un análisis cuidadoso de hechos y teorías.* ¿Cómo realizar buenos experimentos para que de ellos, los estudiantes deriven conocimiento? Los experimentos surgen de la comparación entre los supuestos teóricos y los supuestos hechos en un campo determinado de la realidad.

El proceso de experimentación

El proceso de experimentación puede seguir diversos caminos, según el objeto de experimentación, el nivel de desarrollo de los estudiantes y los estilos propios del profesor. Aquí vamos a explorar uno de ellos, no con el fin de convertirlo en esquema definitivo sino para aportar claridad sobre algunas fases consideradas claves. Se puede idear un camino con los siguientes pasos: observación y análisis de hechos, fundamentación teórica, formulación del problema, planteamiento de hipótesis, contrastación empírica y conclusiones.

Supongamos que un joven va a realizar experimentos con los colores. Siguiendo el camino descrito anteriormente, primero observa y analiza la composición de colores en diversos objetos naturales y artificiales: rocas, animales, vegetales, libros, construcciones, aparatos, obras de arte, etc. Luego se fundamenta sobre la teoría del color, para lo cual estudia la luz, el espectro visible, su descomposición en diferentes tipos de onda y; analiza la composición química de las sustancias que se ven coloreadas. El tercer paso consiste en la formulación del problema. Supongamos que ha elegido ¿cómo producir el color de la arcilla partiendo de los colores primarios, el blanco y el negro? De acuerdo con la base teórica propone una o varias hipótesis como la siguiente: "El color de la arcilla se consigue con X porcentaje de amarillo, W porcentaje de azul, V porcentaje de rojo, T porcentaje de blanco y S porcentaje de negro. Mediante la contrastación empírica prueba si la mezcla de tales proporciones produce el color de la arcilla. Si no es así, varía sistemáticamente las proporciones hasta encontrar el tono adecuado. Con base en esta contrastación y con el soporte teórico, saca sus propias conclusiones; por ejemplo: El color primario P es el componente principal del color de la arcilla. Al incrementar el azul, la mezcla se torna... El experimento puede hacerse utilizando materiales reales o en un simulador de colores haciendo uso del computador.

Las dos primeras etapas se pueden intercambiar, dependiendo del nivel de desarrollo de los estudiantes. Con niños es conveniente seguir un camino inductivo, en este caso observar hechos y luego estudiar los fundamentos teóricos. Con jóvenes que ya tengan buen nivel de abstracción se puede empezar estudiando la teoría y luego observando y analizando los hechos. La idea central es que el planteamiento del problema surja como una contrastación entre hechos y teorías. El problema describe una situación de incertidumbre que debe ser resuelta; la cual se puede describir de manera breve y se concluye con la formulación de una o más preguntas.

Si el problema está lo suficientemente estructurado, a partir de éste, se definen las hipótesis; las cuales se conciben como predicciones de estados futuros a partir de condiciones bien determinadas del presente. Algunas hipótesis tienen la estructura: si *condición*, entonces, *acción* o resultado. La contrastación empírica es la realización propiamente del experimento, para ello, es conveniente apoyarse con una guía. Durante el desarrollo del experimento, se realiza una observación detallada de los cambios o fenómenos producidos, para lo cual se pueden emplear instrumentos de registro de información como cuadros o tablas. Una vez concluida esta fase se analizan los datos, a la luz de la teoría previa y se generan las conclusiones.

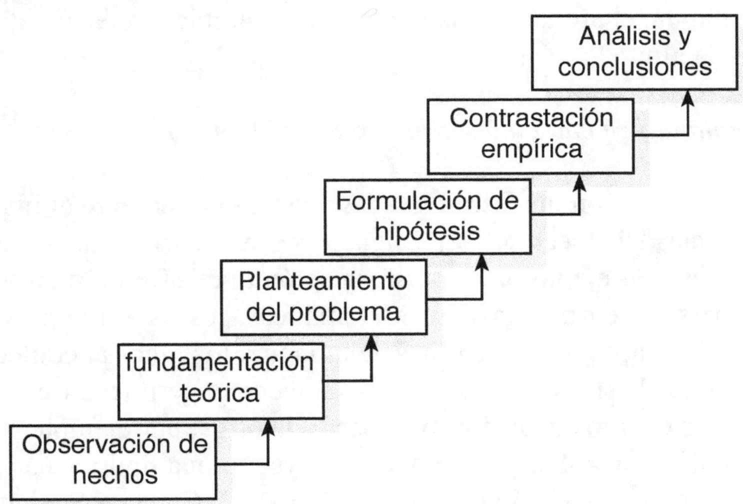

Diagrama 16: Camino propuesto para la realización de un proceso experimental
Diseño de experimentos por parte de los estudiantes

Lo que normalmente se hace en los colegios es entregar la guía de experimentos para que sea desarrollada por los estudiantes. Al repetirse de manera reiterativa esta práctica, el estudiante se siente como si estuviera preparando recetas; se corre el riesgo de que pierda el interés cognitivo. Ésta no es la intención educativa. El experimento bien llevado, sirve para que el estudiante desarrolle su pensamiento hipotético deductivo. Por ello es recomendable, que él mismo participe en las diferentes etapas, ya expuestas.

Lo ideal es que los estudiantes aprendan a diseñar sus propios experimentos. Esto es posible si se sigue un proceso gradual de preparación con dos etapas previas. Primero el profesor desarrolla experimentos clásicos expuestos en libros o manuales. Segundo, el profesor crea sus propios experimentos elaborando la guía. Una vez que el profesor tenga un dominio de los procesos experimentales, se vuelve competente para orientar a los estudiantes.

Los experimentos realizados por los estudiantes, pueden surgir a partir de preguntas planteadas por el profesor o por ellos mismos. Por ejemplo, ¿Cómo probar que los árboles tienen agua en sus estructuras? ¿Cómo probar que Π equivale a 3,1416? ¿Por qué un mensaje oral se desvirtúa al pasar de boca en boca? ¿Qué influye más sobre el color verde de las plantas: el agua, el alimento o la luz? ¿Cómo cambia la presión atmosférica con la altura?

Experimentando en cada una de las áreas del conocimiento

Los experimentos son una estrategia fascinante que requiere el ingenio y la paciencia del docente. En Lenguaje se pueden realizar diversos experimentos, por ejemplo, la transformación que sufre un mensaje al pasar de persona en persona. En Matemáticas, los experimentos con elementos de conjuntos, son formas de inducir a los niños al conteo y a las operaciones básicas. En Geometría se puede experimentar construyendo ciertos cuerpos geométricos a partir de otros; por ejemplo, sacar una pirámide de un cubo. También; construyendo una figura a partir de otra (descomponer un rectángulo en triángulos). En Ciencias Sociales se pueden realizar en pequeña escala, por ejemplo, cómo cambia la presión atmosférica a medida que se asciende por una colina; cómo cambian las costumbres de una población determinada, si deja de consumir X producto. En Educación Física se pueden comparar los rendimientos deportivos de varios grupos que utilizan diferentes programas de entrenamiento. En Ciencias Naturales no vamos a colocar ejemplos porque ya son conocidos ampliamente.

Por su carácter teórico y práctico, la experimentación es una estrategia que más aporta al aprendizaje y desarrollo de las competencias.

Representación de conocimiento

Hemos desarrollado la idea del conocimiento como representación de la realidad. Para Leahey & Harris (1998), las representaciones pueden ser de naturaleza analógica o analítica. Las representaciones analógicas guardan cierta semejanza con el objeto representado; se configuran como imágenes, mapas, modelos físicos, gráficas, bocetos. Las representaciones analíticas son totalmente abstractas, no guardan relación analógica con el objeto representado. En buena parte, el lenguaje articulado es un sistema representacional de naturaleza abstracta.

Figura 6:
Los experimentos son una manera de dialogar con la naturaleza.

En principio, el conocimiento es representación mental; sin embargo, se pone en evidencia cuando se aplica o cuando se comunica. En este caso, la representación, también se concibe como el conjunto de formas que el ser humano utiliza para expresar su conocimiento. Se habla entonces de *representación medial*, porque el pensamiento requiere de medios para hacerse comprensible. Por ello, la representación medial, es quizás la principal estrategia orientada hacia la comprensión: *sólo se puede evidenciar que se comprende a lgo cuando se enuncia, cuando se explica, cuando se comunica o se aplica.* El valor de la representación como estrategia cognitiva estriba en que, para llevarla a cabo se necesita un trabajo organizativo. Recordemos que el conocimiento requiere organización de las representaciones, que los conceptos son categorías organizadas referidas a una realidad, igualmente organizada. Por esta razón el uso de esta estrategia metodológica es muy eficaz para generar procesos de abstracción.

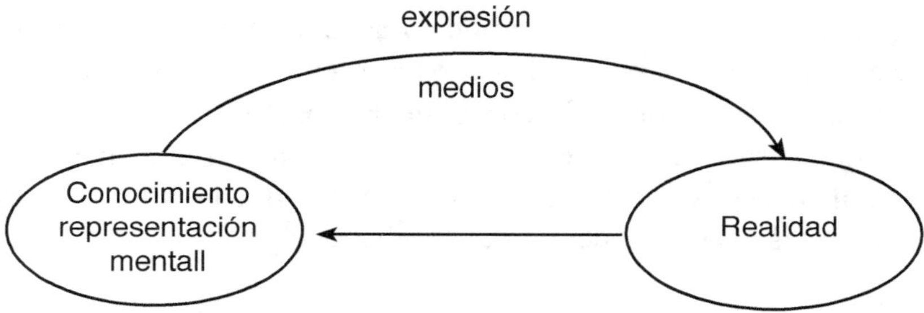

Diagrama 17: El conocimiento es representación mental de la realidad, para expresarlo, se vuelve a representar a través de medios

Debido a que la representación mental se efectúa principalmente en imágenes y en palabras; estos elementos del pensamiento, también constituyen las dos formas básicas de representación medial. Usamos imágenes para expresar y representar conocimiento; como es el caso del dibujo, la pintura y la escultura, el grabado, entre otras. El lenguaje natural es el principal medio de representación de conocimiento, especialmente cuando se trata del conocimiento declarativo. Hablar y escribir son operaciones vitales que denotan del hablante o escribiente, conocimiento de aquello a lo cual se refiere.

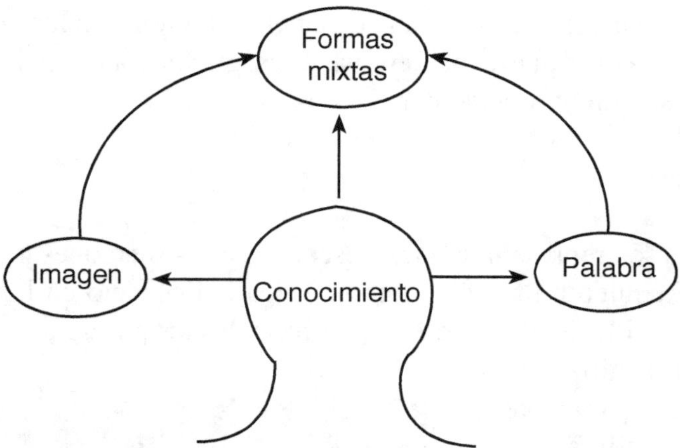

*Diagrama 18: El conocimiento como representación mental,
se expresa a través de medios*

Entre la imagen y la palabra existe una gama de formas combinadas; por lo tanto, tenemos tres grandes categorías representacionales: representaciones centradas en la imagen, representaciones centradas en la palabra y representaciones combinadas.

Representaciones centradas en la imagen

Mencionamos anteriormente que la imagen constituye la materia primigenia del pensamiento. Como medio de representación se tienen dibujo, pintura, escultura y maquetas. Sirven para representar objetos, bien sean considerados de manera aislada o ubicados dentro de un contexto.

La pintura y la escultura

La pintura y la escultura como expresiones plásticas sirven para la representación de personas, animales y cosas. Aunque los artistas profesionales llegan a niveles de abstracción bastante considerables con estas formas; a nivel pedagógico, se utilizan de manera preferente en los primeros grados debido a la riqueza perceptiva y las grandes analogías con la realidad que se quiere representar.

Las maquetas

Las maquetas son representaciones a escala de construcciones máquinas o aparatos. Requieren una visión geométrica del espacio en la cual se conserva el sentido de ubicación, las formas y las proporciones. Se pueden empezar a utilizar en los primeros grados para representar objetos sencillos, pero lo recomendable es, en los grados intermedios o superiores para lograr mayores analogías con la realidad.

Figura 7:
La representación a través de es-
culturas, pinturas o maquetas, despierta sensibilidad e interés por lo representado

Los medios de representación centrados en la imagen tienen un valor pedagógico bastante alto porque contienen grandes volúmenes de información organizada, requieren del razonamiento espacial, generan agrado y una sensación de competencia en quien los realiza.

Para orientar a los estudiantes a representar mediante imágenes su conocimiento, conviene realizar una inducción en la cual se muestre el reto y se despierte el interés; después, realizar procesos de observación y análisis, luego la representación en sí, posteriormente la explicación verbal o escrita de lo representado y finalmente una valoración en la cual se identifiquen los aciertos y limitaciones.

Representaciones centradas en la palabra

La palabra es la forma como se concreta el lenguaje natural. En el desarrollo filogénico de la humanidad surgió como una manera de representar las imágenes. Sin embargo, la palabra es una categoría de mayor abstracción que la imagen y por lo tanto implica una economía mental: basta una secuencia de pocos fonemas para representar algo que en imagen sería demasiado dispendioso; por ejemplo, la palabra "universo", cuatro sílabas son suficientes para representar todo cuanto existe.

La palabra como medio de representación puede ser escrita o hablada. Durante todo el proceso educativo siempre será necesario que los estudiantes expresen con palabras, sus percepciones, sus sensaciones, sus experiencias, sus conceptos, sus sentimientos, sus actitudes y acciones. Conviene desarrollar primero la oralidad y luego la escritura.

Niveles de representación

Como estrategia orientada a la comprensión, en el uso de la palabra existen niveles de complejidad cognitiva. Se diferencian, entonces, fases como la descripción, la narración, la explicación, la argumentación y la proposición.

En el nivel más elemental de la palabra hablada o escrita, se encuentra la *descripción*, la cual se puede considerar como una analogía de la imagen. Mediante la descripción se expresa la estructura y las características de cualquier objeto. Se reconocen sus componentes principales y las relaciones que guardan unos con otros; se identifican sus propiedades físicas como forma, tamaño, color y apariencia. También se enuncian las relaciones de ubicación frente a otros objetos que se hallan en el mismo contexto.

La *narración* sirve para enunciar una cadena de hechos o sucesos, es el medio preferente para expresar los procesos. La forma más elemental de llevar a cabo una narración es siguiendo un orden cronológico, esto es presentar los eventos con la misma secuencia con que se han sucedido. Sin embargo, la mayoría de sucesos implican diferentes líneas de acción que ocurren de manera simultánea. En este tipo de procesos puede describirse, primero una línea de acción y luego las otras. O también presentar los hechos que ocurren de manera simultánea, así pertenezcan a diferentes líneas de acción. La narración se enriquece con elementos descriptivos de los objetos o personas que interactúan.

Mediante la *explicación* se exponen los componentes y las relaciones de un tema determinado; integra descripción y narración con el énfasis que demande la naturaleza del objeto de conocimiento tratado. Sin embargo, la explicación incluye una relación de conceptos, superando en abstracción los dos niveles anteriores.

La *argumentación* es una serie de razonamientos encadenados para demostrar una tesis. Se requiere de un mayor nivel de abstracción y se usa un razonamiento con énfasis deductivo. Se puede utilizar como recurso la explicación; sin embargo, su característica central es la forma como se enlazan las diferentes proposiciones para demostrar otra de mayor jerarquía.

En el nivel *propositivo* se plantean problemas y se presentan soluciones. En un comienzo, para el estudiante es más fácil resolver problemas planteados por otros, en una segunda fase puede, incluso, plantear y resolver problemas por sí mismo. El planteamiento y solución de problemas requiere el manejo de la argumentación y de un conocimiento profundo de la realidad a la cual se refiere.

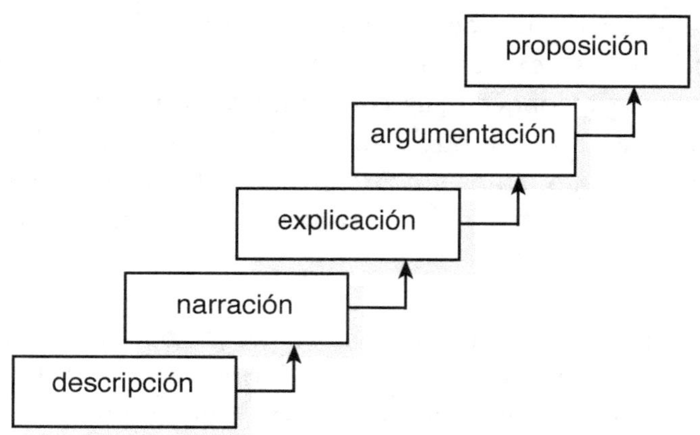

Diagrama 19:
Niveles de uso de la palabra escrita o hablada.
Cada uno de ellos implica al anterior

Como puede inferirse, las anteriores formas de usar la palabra escrita o hablada van ganando en complejidad, cada nivel implica a los anteriores. En la vida corriente las usamos de manera combinada. Sin embargo, con fines didácticos, conviene separarlas e irlas practicando de abajo hacia arriba. Aún así, cada una de ellas tiene dentro de sí, otros niveles de complejidad dependiendo de aquello a lo cual se esté refiriendo. Se sugiere, desde los primeros años practicar todas ellas comenzando por las más elementales (descripción y narración) y avanzando paulatinamente hasta el nivel propositivo. Si se practican de manera racional y cíclica, a través de los grados, ganando en niveles de complejidad y de integración, el estudiante desarrollará al máximo sus competencias lingüísticas y comunicativas, y logrará una gran comprensión de sí mismo y del mundo que le rodea.

Representaciones combinadas

Señalamos anteriormente que entre la imagen y la palabra existe una gama de formas combinadas, por ejemplo, los mapas, los planos, las tablas, los esquemas, los diagramas y los grafos. Cada una de estas formas integra texto e imagen en grados variables de proporción. Su valor pedagógico estriba en que, a través de ellas es posible, establecer como una estructura básica a partir de la cual se organizan conceptos. En todas estas formas existe una riqueza simbólica que sirve de puente para referirse a la realidad representada.

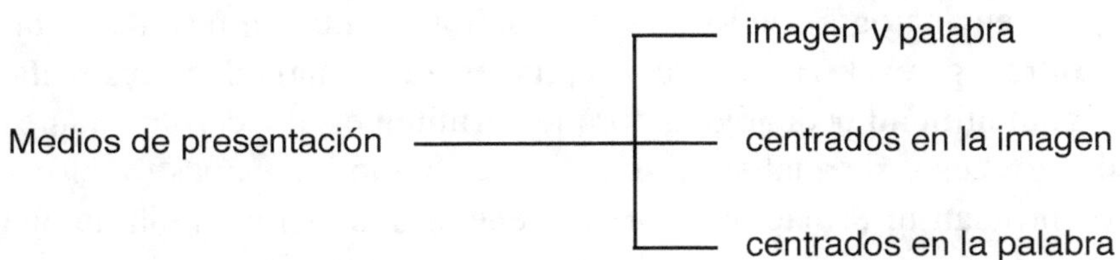

Cuadro Sinóptico 3:
Clasificación de los medios de representación

Los esquemas, los cuadros y las tablas

Un esquema es una estructura sencilla de símbolos asociada a un discurso, que se usa para hacerlo más comprensible. Los esquemas utilizan cualquier forma simbólica (una línea, un círculo) para denotar una idea o un aspecto básico a considerar. Se usan de manera preferente en los discursos explicativos. Los cuadros son esquemas más rigurosos, usados generalmente para clasificar datos. Son muy comunes los cuadros sinópticos, empleados para representar categorías taxonómicas. Las tablas se pueden concebir como cuadros más estructurados, en las cuales se puede consignar mayor cantidad de información clasificada.

Los mapas

Los mapas son de naturaleza analógica, es decir guardan analogías o parecidos con aquello que representan; surgieron como medios para representar extensiones de tierra utilizando referentes de posición. De esta manera, aparecieron croquis, mapas físicos, mapas económicos, mapas poblacionales, mapas etnográficos, etc. También trascendieron los límites terrestres y ahora, representan regiones del cosmos como el mapa del sistema solar o de la Vía Láctea. Un mapa se traza en un sistema de referencia (por ejemplo, los puntos cardinales) dentro del cual se ubican los elementos de interés siguiendo un patrón análogo a la realidad, conservando proporciones en cuanto a formas, tamaños y distancias.

Los mapas conceptuales

Gracias a las características ya anotadas, en las últimas décadas surgieron los mapas conceptuales para representar relaciones entre diversos conceptos, en analogía con los mapas topológicos que representan relaciones entre lugares. Los mapas conceptuales son de naturaleza abstracta, son de gran utilidad pedagógica porque permiten establecer un balance entre los procesos de análisis y síntesis. Así como los mapas topológicos nos brindan información sobre la generalidad estructurada de una determinada región del espacio; los mapas conceptuales, nos permiten establecer una estructura, por medio de la cual realizamos los procesos de comprensión. Los mapas topológicos se usan de manera preferente en las Ciencias Sociales; los mapas conceptuales, en cualquier campo del conocimiento. Para Novak (1998), "un mapa conceptual es un recurso esquemático para representar un conjunto de significados conceptuales incluidos en una estructura de proposiciones… Una *proposición* consta de dos o más términos conceptuales unidos por palabras para formar una unidad semántica. En su forma más simple, un mapa conceptual constaría tan sólo de dos conceptos unidos por una palabra de enlace para formar una proposición." (p.33)

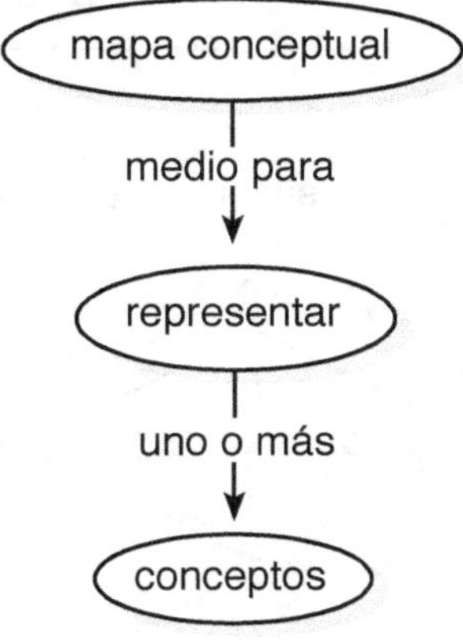

Mapa conceptual 1.
Este es el mapa conceptual de un mapa conceptual

Los planos

Los planos constituyen una versión de los mapas para representar lugares más determinados en los cuales, la proporción y la geometría se exigen con más rigor. Los planos se usan de manera preferente para representar la distribución del espacio de una construcción o la estructura de una máquina o aparato, indicando de manera simbólica sus componentes. El uso de los planos es importante en todos los grados y niveles educativos se usan con mayor frecuencia en las áreas relacionadas con tecnología, la informática y por ende, la ingeniería.

Los diagramas

Los diagramas son muy parecidos a los mapas conceptuales, pero de mayor abstracción por cuanto no expresan las proposiciones en forma completa sino los elementos de mayor relevancia. Tienen, además, el cuidado de utilizar los símbolos con significado específico. Son muy comunes los diagramas de flujo para representar procesos en los cuales fluye materia, energía o información. Estos han sido utilizados por los programadores, con el fin de ordenar adecuadamente los pasos y las operaciones.

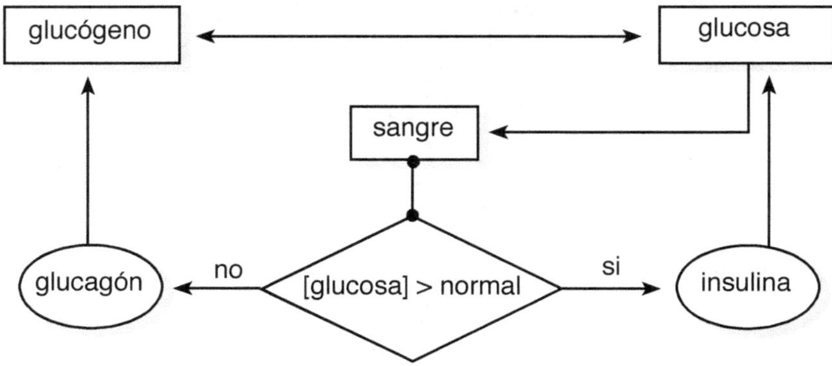

Diagrama 20: Flujo de la regulación homeostática de la glucosa en la sangre

Regulación homeostática del nivel de glucosa en la sangre. En la sangre, si el nivel de glucosa es superior o igual al valor normal (1 gramo glucosa / litro sangre), la insulina transforma la glucosa sobrante en glucógeno, que se almacena en el hígado. Si la concentración es menor que lo normal, el glucagón transforma glucógeno en glucosa que se incorppora a la sangre. El diagrama está limitado a este aspecto, no reprsenta otros procesos asociados a los mecanismos de autorregulación. Sin embargo, el diagrama, tal como está presentado, facilita la comprensión del fenómeno.

Los grafos

Los grafos, son diagramas con mayor nivel de refinación. Desde el punto de vista teórico, un grafo se concibe como una función que se aplica sobre un conjunto. (Flament, 1972). Así, los componentes de un *grafo* son *arcos* y *nodos*. Los arcos son elementos de la función y los nodos, elementos del conjunto X. En otros términos, los nodos expresan elementos que se relacionan a través de arcos.

Los grafos pueden ser simétricos, transitivos, completos, o reflexivos dependiendo del tipo de relación que se presente entre sus nodos. Gráficamente los arcos se expresan mediante flechas, y los nodos mediante puntos, círculos, rectángulos. También se pueden representar mediante una matriz cuyas filas y columnas son los elementos del conjunto (nodos), y en las celdas se ubican las relaciones (arcos). En un grafo se pueden considerar *subgrafos* o grafos parciales si se toma un subconjunto de nodos con sus respectivas relaciones.

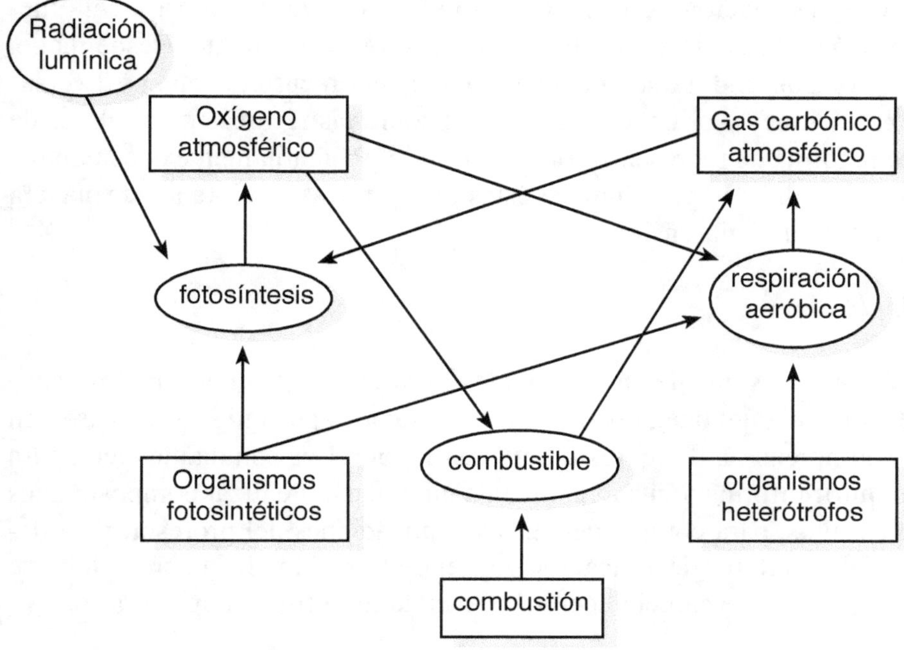

Grafo 1: Representación de parte de la dinámica del oxígeno y del gas carbónico atmosféricos

Dinámica del oxígeno del gras carbónico atmosféricos. Los organismos fotosintéticos, mediante ese proceso, consumen gas carbónico y producen oxígeno, por la acción de la radiación lumínica. Los organismos heterótrofos, mediante la respiración aeróbica, consumen oxígeno y producem gas carbónico. Este tipo de grafo es marcado, las sustancias están representadas dentro de recuadros, mientras que los procesos, en óvalos. Esto facilita la comprensión.

Puesta en práctica de la representación

¿Cuál es el momento pedagógico propicio para poner en práctica la representación medial de conocimiento? Es conveniente realizarla después de otras estrategias metodológicas que hayan aportado al estudiante suficiente experiencia. Por ejemplo, después de una lectura, una observación, o realización de un experimento; cuando el estudiante ya tenga conocimiento de algo, la materia prima para ser expresada y representada.

La representación de conocimiento se configura como estrategia metodológica cuando es practicada por el propio estudiante. Desde luego, el profesor tendrá que practicarla de manera recurrente en sus diversas exposiciones y orientar al estudiante sobre las técnicas particulares de cada forma de representación o expresión. Paulatinamente el estudiante ganará habilidad para emplear éstas y otras formas mejorando de manera notable su comprensión.

La lectura

La lectura es una de las principales estrategias utilizadas en el proceso de aprendizaje; buena parte de las actividades pedagógicas se basan en la comprensión de textos de diversa índole. Los estudiantes leen para adquirir información sobre un tema nuevo, para realizar composiciones o ensayos, para complementar las explicaciones del profesor, para desarrollar talleres de aplicación conceptual, también leen para deleitarse con un libro de ciencia ficción o de cualquier otro género literario.

Figura 8: La lectura es uno de las estrategias más usadas en la vida escolar

El problema

La experiencia nos muestra que, no todos los estudiantes practican la lectura como una actividad lúdica, que les genere placer y motivación. Buena parte de nuestros estudiantes leen porque "les toca"; porque "deben" presentar un ensayo de una obra literaria, porque "tienen" que desarrollar un taller. Se ha notado, además, algo grave: algunos estudiantes en los primeros años de estudio, desarrollan motivación por la lectura, pero a través de los grados escolares, van perdiendo el interés y lentamente va apareciendo un sentimiento de tedio, el cual soportan con paciencia, para cumplir las actividades académicas y "pasar el año". Estos hechos nos llevan a preguntarnos: ¿Por qué algunos estudiantes tienen aversión por la lectura? ¿Qué es lo que genera agrado por esta actividad?

En un intento por comprender el problema del bajo interés por la lectura, existen, al menos, dos tendencias. Algunos profesores piensan que a los niños y jóvenes no les gusta la lectura porque poco leen; en consecuencia, exigen la lectura de uno y otro libro, confiados en que, el ejercicio continuado los acostumbrará y les despertará una actitud agradable. Otros profesores piensan lo contrario: los niños no leen porque no les gusta la lectura, porque existen otras actividades que les despiertan mayor interés. De acuerdo con su visión, antes de colocar a sus estudiantes un trabajo de lectura particular, los inducen positivamente, tratan de convencerlos que la lectura de ese texto en particular es una de las actividades más útiles e interesantes. En realidad, ambos grupos de profesores tiene razón: los niños y jóvenes no leen porque carecen de gusto por la lectura, y carecen de agrado por la lectura porque no leen.

De lo anterior se puede inferir que el problema de la baja motivación por la lectura está asociado a la calidad, cantidad y pertinencia de lo que se lee.

El proceso lector

La esencia del proceso lector exige por parte de quien lee, un pensamiento analítico y reflexivo junto con una actitud de autonomía y responsabilidad de su propio proceso de aprendizaje (Areiza, 2003).

El trabajo más importante del docente, es contagiar a sus estudiantes del gusto por la lectura. Contagiar significa prender, hacer ajeno lo propio: compartir; lograr que nuestros estudiantes se den cuenta que a nosotros nos gusta leer, y que eso es cierto. Los buenos profesores utilizan diferentes tácticas para inducir a los niños al texto; algunos hacen buenos comentarios que suscitan interés, presentan hechos sorprendentes y dejan otras en suspenso, tratando de sugerir: *"averigüemos lo que sigue"*. Otros, después de sus explicaciones, plantean interrogantes y a la vez, entregan información de referencia sobre libros que tratan aquellos temas con mayor amplitud o profundidad. Algunos profesores de literatura ofrecen a sus estudiantes un conjunto de títulos de determinada época, tendencia o escuela literaria; hablan de la importancia de cada uno de ellos y dejan que ellos escojan con libertad los libros que desean leer.

La inducción a leer con placer es parte de la solución; es necesario, además, tener una actitud clara dentro del proceso de la lectura y después de él. Algunos profesores se conforman con "mandar" a leer un libro a sus estudiantes y luego "pedir cuentas" de lo leído. Otros, se preocupan por la forma como sus estudiantes leen, cuánto tiempo persisten leyendo, qué los concentra y qué los distrae.

Eventualmente conviene leer con los estudiantes en clase. Mientras ellos leen, el profesor puede apoyarles el proceso o leer un libro de su preferencia. El apoyo al proceso, puede hacerlo de manera personalizada retomando, durante algunos minutos, la lectura que lleva el estudiante, explicando algunas expresiones y haciendo comentarios breves. Cuando el profesor lee otro libro, está implícitamente diciéndoles que a él también la interesa la actividad.

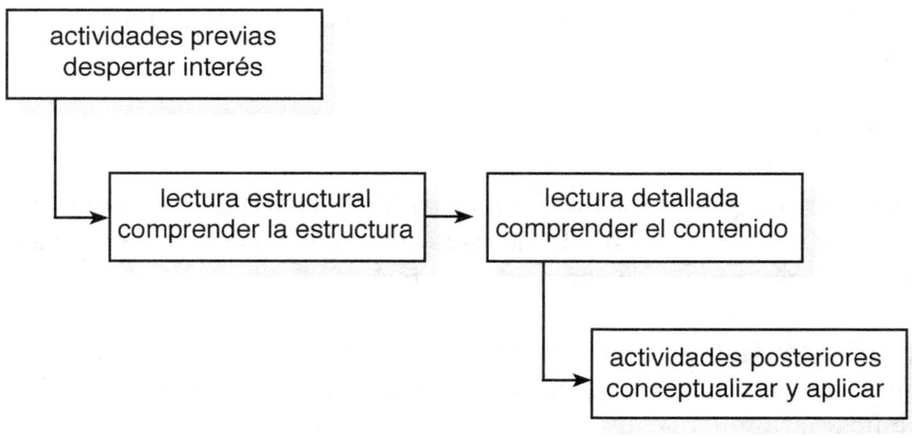

Diagrama 21:
Etapas sugeridas para que el proceso lector genere agrado y comprensión

¿Qué podemos hacer después de leído un texto? Generalmente los profesores solicitamos informes a nuestros estudiantes. Muchas veces, el informe es demasiado general, porque simplemente "pedimos" un resumen; otras, demasiado dispendioso, porque solicitamos respuestas a cuestionario demasiado extensos y detallados. Las actividades de post-lectura cumplen tres funciones básicas: ofrecer retroalimentación al estudiante, fortalecer la motivación por la lectura y favorecer la cognición. Esto último se logra efectuando un balance de qué se aprendió de la experiencia lectora. Por estar estrechamente ligada con el conocimiento, es que los docentes nos preocupamos por la comprensión lectora.

La comprensión lectora

La comprensión lectora se puede definir como el manejo flexible del conocimiento derivado de la lectura; está asociada al grado de concentración con que se lee; al nivel de motivación, a la pertinencia y utilidad de lo leído. Cairney (1996) otorga gran importancia al apoyo del niño lector como constructor activo de significados.

¿Qué papel podemos jugar los docentes para incrementar la comprensión de los textos que leen nuestros estudiantes? Se sugiere realizar algunas actividades previas, luego una lectura estructural, seguida de una lectura detallada y finalmente, actividades de conceptualización y aplicación. Las *actividades previas* tienen como fin despertar el interés por la lectura, seleccionar y disponer de los textos. La *lectura estructural* es necesaria para establecer un esquema previo, el cual sirve como elemento organizador, a partir del cual se va edificando todo el campo temático. No es necesario leer todo el texto para tener una idea de su estructura. Si es un libro basta con leer la introducción, el nombre de los capítulos, títulos y subtítulos. Si se trata de un artículo o de un tema corto se puede leer la introducción y el final, esto da una idea general de la temática tratada en el texto. Una vez realizada esta exploración se puede hacer una primera representación del conocimiento generado, aplicando cualquiera de las formas ya presentadas, por ejemplo en un esquema, una tabla, un diagrama o simplemente un listado de ideas. Cumplida esta fase, viene la *lectura secuencial* para completar el cuadro general del tema. La comprensión se incrementa si se apoya con algunos recursos como el subrayado de ideas claves, y con breves resúmenes o esquemas de las partes que se van leyendo. Finalmente viene una fase de *reconstrucción y extrapolación* del texto leído. La reconstrucción es la apropiación conceptual de su estructura, para lo cual se utiliza cualquier medio de representación para captar las ideas principales, secundarias y la relación entre ellas. Mediante la extrapolación se utilizan los conceptos derivados de la lectura para relacionarlos con diversas temáticas de estudio, con otros textos o aplicarlos a situaciones de la vida cotidiana.

La lectura focalizada

En varias ocasiones el estudiante no necesita leer en forma completa un libro sino parte de él. Esto ocurre cuando la lectura se realiza como medio subsidiario para realizar un trabajo de consulta, investigación o tesis de grado. En estos casos se hace una lectura focalizada porque la búsqueda se orienta a encontrar el tema o problema de interés. Para ello es conveniente llevar un procedimiento como el que sigue: Primero se escribe un listado de documentos objeto de la búsqueda, luego se realiza la lectura exploratoria de cada uno de ellos; en tercer lugar, se reorganiza la lista siguiendo un orden de prioridades, en la cual, los textos de mayor pertinencia y actualidad ocupan los primeros lugares. En seguida se desarrolla la lectura detallada de cada uno de ellos, apoyada con la elaboración de cuadros, esquemas o resúmenes, para favorecer el registro de la información relevante para el trabajo.

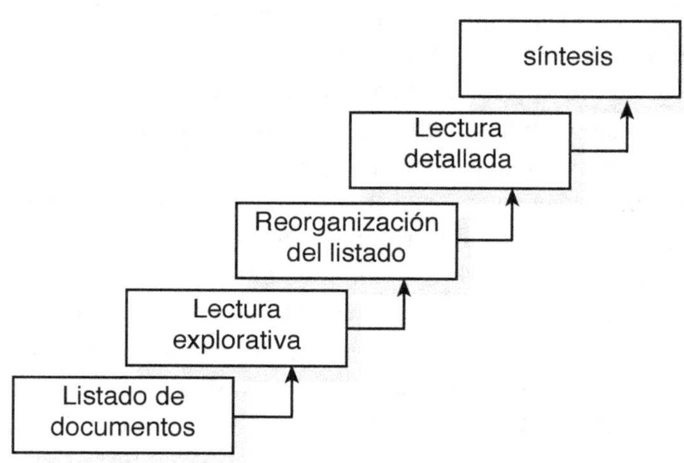

Diagrama 22: Etapas sugeridas para realizar lecturas focalizadas cuyo objetivo es obtener información para el desarrollo de otros trabajos

La interlectura

Se denomina interlectura a la comparación temática y analítica de diferentes textos leídos. Se llega a este nivel cuando se ha efectuado una comprensión adecuada de cada uno de los materiales y el conocimiento derivado de cada uno de ellos se integra de manera dinámica al conocimiento existente. El conocimiento como un cuerpo integrado en estructuras claras, permite su uso flexible, la navegación por los diferentes tópicos o problemas, estableciendo una gran red de relaciones e interconexiones. Cuanto mayor sea el nivel de estructuración del conocimiento de una persona, mayor será su capacidad para relacionar de manera coherente textos de diferente naturaleza, bien sean científicos, literarios o periodísticos.

Las exposiciones

En nuestra época, aún, el trabajo pedagógico tiene su soporte principal en las exposiciones realizadas por el profesor. La actividad de enseñar, está asociada a la de explicar. Frente a este tipo de actividades existen diversas posturas, entre las cuales destacamos las siguientes: Algunos críticos del docente tratan de un modo peyorativo al profesor expositivo; afirman con frecuencia, que su función no es explicar sino orientar. Muchos profesores también sostienen lo mismo; pero veamos lo que dicen los estudiantes cuya percepción está determinada por el tipo de exposiciones que hacen sus profesores. Algunos comentan situaciones como las siguientes: "a ese profesor sí se le entiende lo que explica, es ordenado, es claro en lo que dice, tiene metodología." Entre tanto, otros pronuncian frases como…: "a ese profesor no se le entiende, lo confunde a uno, habla enredado, no tiene metodología." Lo anterior nos lleva a preguntarnos ¿son útiles las exposiciones del profesor? ¿contribuyen realmente en el proceso de aprendizaje de los estudiantes? Si nos guiamos por nuestra propia experiencia podemos reconocer con facilidad, que las exposiciones o explicaciones que realizaron nuestros buenos profesores, contribuyeron de manera significativa a la comprensión conceptual de un determinado campo del conocimiento. Así mismo, las exposiciones confusas dificultaron los procesos de comprensión; y a causa de ellas, fuimos sintiendo aversión a una determinada área, además, por la apariencia tan difícil que le dieron algunos de nuestros profesores. Por lo tanto, la exposición no es ni buena ni mala en sí misma: se pueden hacer buenas exposiciones o malas exposiciones.

Las buenas exposiciones del profesor

¿Cómo hacer una buena exposición? La actividad de exponer se puede considerar necesaria dentro de un proceso de aprendizaje, porque el estudiante requiere que alguien le presente una visión general de las cosas y además, le solucione una duda muy particular. Hemos afirmado con insistencia que el aprendizaje implica organización de conocimiento; así que, en su proceso natural, el estudiante va organizando los diferentes elementos que componen sus estructuras conceptuales. Cuando se trata de asuntos o temáticas relativamente desconocidas, la intervención del profesor se hace necesaria porque ayuda a configurar tales estructuras. Este análisis nos permite plantearnos una nueva pregunta: ¿en qué circunstancias se hace necesaria la explicación del profesor? Cuando se introduce un tema o problema del cual el estudiante tiene muy poco conocimiento. Elegir el mejor momento para exponer, es el punto de partida para realizar una buena exposición. Otros elementos relacionados con la calidad de las exposiciones tienen relación con la duración, la estructura temática, el dinamismo del expositor, su interacción con el público, el uso apropiado del lenguaje y de medios o materiales educativos de apoyo.

Figura 9:
Una buena exposición motiva, orienta y organiza el proceso de aprendizaje

Algunas indagaciones han concluido que, con buenos niveles de motivación, un público es capaz de "resistir" hasta veinte minutos, atendiendo a su expositor. Sin embargo, este tiempo se puede ampliar o reducir dependiendo del manejo de otros elementos, ya señalados. Las primeras frases que diga el expositor alimentan o extinguen el interés de sus oyentes. Los buenos profesores al comenzar sus exposiciones, justifican de manera breve el estudio de la temática a tratar, plantean los principales problemas, presentan un esquema o estructura general y luego la desarrollan, en un orden lógico. La interacción ordenada con los estudiantes, suscita preguntas o comentarios; los cuales pueden ser respondidos a medida que se van tratando o al finalizar la sesión. Las últimas frases también juegan un papel importante en la consolidación de las estructuras conceptuales de los estudiantes; por ello, al finalizar, es conveniente efectuar un resumen, relacionando los diferentes componentes de la estructura y en lo posible, conectar el tema con otros que vendrán más adelante.

El uso del lenguaje es de vital importancia: la producción de proposiciones claras, encadenadas en forma lógica, la correcta pronunciación, la modulación de la voz, y el manejo del tono. Generalmente, en las exposiciones se introducen términos específicos del tema, los cuales deben ser explicados, a medida que aparecen. El buen uso del lenguaje se puede complementar con la presentación de recursos lingüísticos como anécdotas, ejemplos, demostración de principios y aplicación de conceptos. En general, un buen discurso explicativo combina adecuadamente el mundo de las ideas con el mundo de los hechos.

Las buenas exposiciones también, están apoyadas con el uso de medios y materiales didácticos. En cuanto a los medios, son muy usados los tableros y papelógrafos, en los cuales se pueden trazar esquemas a medida que se va exponiendo. Se ha evidenciado que los medios audiovisuales capturan la atención, por eso es recomendable de manera frecuente, el uso de proyectores, bien sean de filminas o de acetatos, para presentar ilustraciones o cuadros previamente diseñados. La utilización del video y del video beam permiten efectuar exposiciones enriquecidas con el lenguaje de la imagen y de la animación.

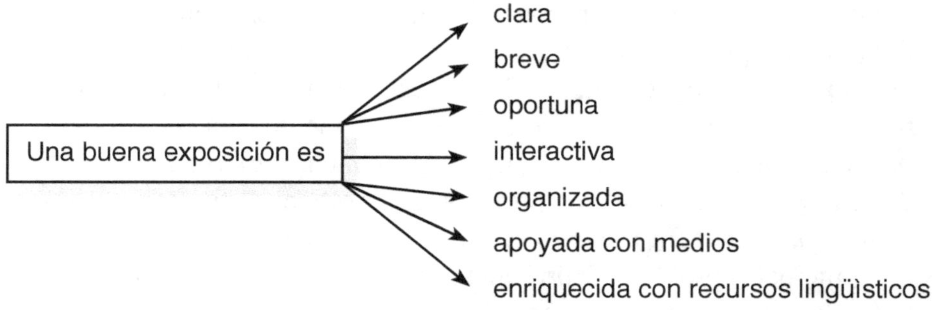

Cuadro Sinóptico 4:
Características de una buena exposición

Para realizar exposiciones con las características y condiciones enunciadas anteriormente, se requiere preparación previa. Una buena preparación tiene en cuenta aspectos como los siguientes: la estructura conceptual y su coherencia con el problema, la secuencia temática, la metodología, la disposición de materiales (láminas, cuadros, filminas, videos), y la previsión de medios (manuales, mecánicos o audiovisuales).

En conclusión, la exposición opera como una estrategia orientada a la comprensión, si se prepara previamente, si se realiza en un corto período de tiempo, siguiendo un conjunto de condiciones que garanticen su efectividad. Para lograr un aprendizaje integral, conviene complementar esta estrategia metodológica con otras.

Exposiciones realizadas por los estudiantes

¿Son convenientes o no las exposiciones realizadas por los estudiantes? Podría pensarse que sí, porque las exposiciones constituyen oportunidades para que profundicen sobre un tema o problema de su interés. Podría pensarse que no, porque la etapa de preparación, generalmente está cargada de tensiones, y el momento mismo de la exposición puede resultar traumático para el estudiante que expone y aburridor, confuso e inútil para sus compañeros que lo escuchan. Igual que se analizó para el caso de los profesores, la exposición realizada por los estudiantes, tiene un valor pedagógico mayor o menor, dependiendo de cómo se haga, de cómo el profesor oriente estas exposiciones, lo cual puede hacer de manera metódica y no limitarse a un simple "distribuidor de temas". En este sentido se sugiere seguir un proceso en donde se recorran niveles de dificultad.

En los primeros grados, conviene animar a los estudiantes para que presenten explicaciones breves, no necesariamente de temas nuevos, preferiblemente de asuntos ya tratados por el profesor; lo cual puede realizarse como: ampliación de un aspecto, profundización de una idea, aplicación de un concepto, enunciado de ejemplos, solución de ejercicios, etc. Algo importante es que el estudiante acepte previamente su voluntad de ser expositor, disponga del tiempo suficiente de preparación y cuente con los medios y recursos apropiados. También es conveniente dialogar con él antes de la exposición, para brindarle apoyo conceptual, metodológico y afectivo. Cuando se note que el niño tiene un buen nivel de autonomía en el estudio, se puede convenir con él, la presentación de temas nuevos. En los grados intermedios y superiores, las exposiciones pueden ser más estructuradas y frecuentes. Algo que se critica a las exposiciones de los estudiantes es que cuando ocurren de manera sucesiva, el expositor se queda hablando solo porque cada uno de sus compañeros está preocupado por su propia exposición. Sería conveniente que en una clase o experiencia de aprendizaje, máximo haya una sola exposición por parte de los estudiantes, bien sea individual o colectiva, esto para garantizar la atención de los demás compañeros, porque si varios exponen, ellos tenderán a estar pendientes de su propia presentación. De nuevo vale la pena recordar el principio de la diversidad: las exposiciones pueden ser buenas, pero usadas con demasiada frecuencia, pueden surtir efectos nocivos para el aprendizaje.

Los juegos didácticos

¿Por qué a los niños les gusta jugar? Se ha notado que cuando un niño juega su actitud, con frecuencia, es de entusiasmo y concentración. Probablemente, esto sucede porque, paso a paso, va logrando resultados y cada una de sus operaciones las encamina hacia la consecución de un resultado mayor. Y... ¡cuando pierde! Cuando pierde, puede sentir un sentimiento de frustración, pero al mismo tiempo, un deseo grande de ganar, por ello, tiende a jugar de nuevo. A los adultos también nos gustan los juegos, lo que ocurre es que, solemos pensar que no tenemos tiempo para jugar.

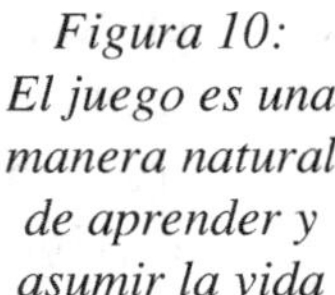

*Figura 10:
El juego es una
manera natural
de aprender y
asumir la vida*

Desde comienzos del siglo XIX, cuando Fröebel puso de relieve la actividad sensoriomotora, el juego se ha venido aceptando como un recurso de gran contenido pedagógico (Palacios, 1997). Quizás los profesores más convencidos de ello son los de Educación Física y los de Matemáticas. Si bien, los juegos encierran un valor, en las instituciones educativas, no siempre se practican. Esto se explica por algunas limitaciones relacionadas con lo cultural, lo administrativo y lo pedagógico. Desde lo cultural, se tiene la creencia de que el juego es una actividad complementaria para lo cual no se requiere ir al colegio; existen centros de recreación especializados en juegos manuales, mecánicos, electrónicos y virtuales. Desde lo administrativo, no siempre se tienen los recursos suficientes para invertir en juegos, adquirir los materiales para su construcción, o cuando se disponen de ellos, los mecanismos de control, no siempre son claros. Desde lo pedagógico, la preocupación central del docente es el cumplimiento del plan de estudios. Los juegos se asumen como actividades adicionales, no necesariamente como aspectos centrales de un currículo, porque generalmente, no están relacionados con temáticas específicas. Éstas y otras dificultades, lejos de desanimarnos, han de constituirse en una razón más para implementar el juego como una poderosa estrategia orientada a la comprensión.

Pero, ¿en qué radica el valor pedagógico del juego? En general, los juegos ponen a prueba las destrezas físicas y las habilidades mentales. Los seres humanos somos el producto de un largo, penoso e interesante juego de selección natural. Por ello nuestra tendencia natural a jugar, porque a través de esta actividad retamos nuestras condiciones: jugamos porque deseamos ser mejores a nosotros mismos. Los juegos, también, ponen de manifiesto determinadas actitudes de los estudiantes, por ello contribuyen a la formación de valores cívicos, entre otros. Recordemos, que en la concepción democrática, el ciudadano participa de manera colectiva en la elaboración de las normas que luego cumplirá.

¿Qué es un juego? Desde lo teórico, para Russell (1996), un juego es algo así como una confrontación teórica, una lucha pura, abstracta, es un tipo de problema, que requiere efectuar búsquedas para tomar la mejor decisión entre muchas opciones posibles. Un juego consiste en alcanzar una meta a través de medios y reglas preestablecidas. Por ejemplo, en el juego de las damas chinas, la meta es capturar todas las fichas del adversario, para ello se usa una estrategia: llegar con la mayor cantidad de fichas a la orilla contraria; los medios son las fichas y el tablero con su conjunto de orificios por donde las fichas se desplazan; las reglas están referidas a cómo avanzar y cómo capturar piezas del adversario. Cualquiera de los juegos conocidos y por conocer siempre tienen y tendrán una meta, la cual opera como un señuelo que activa las energías de sus participantes y orienta sus actividades; los juegos despiertan gran motivación. También pueden ser considerados como micromundos porque permiten explorar mundos pequeños a través de reglas; responden a la idea de saber bastante de poco, en contraposición a saber poco de mucho (Papert, 1981).

Tipos de juegos

Existen diversidad de juegos, aquí nos ocupamos de los *juegos didácticos*, aquellos usados de manera intencional para derivar aprendizajes y, que no se constituyen en fuente de conductas obsesivas, como algunos juegos comunes. Los juegos didácticos se pueden clasificar por sus finalidades, por el medio de implementación y por la cantidad y relación entre sus participantes.

Según sus *finalidades* el juego puede estar orientado al desarrollo de destrezas físicas o de habilidades mentales. Las *destrezas físicas* como la fuerza, la velocidad y la coordinación pueden ser desarrolladas mediante juegos de campo abierto o de espacios cerrados. También existen juegos para el desarrollo de las *habilidades mentales* como el cálculo y el razonamiento verbal. Ésta clasificación se entiende como énfasis en uno u otro campo; según las necesidades educativas; pues no existe dicotomía entre destrezas y habilidades: la destreza física, requiere habilidad mental y viceversa.

Atendiendo al *medio de implementación* pueden ser manuales o electrónicos. Existen *juegos manuales* como el parqués, las damas chinas, el ajedrez y los juegos predeportivos, entre otros. Este tipo de juegos favorece doblemente el desarrollo de destrezas físicas y habilidades mentales. Los *juegos electrónicos* también son muy útiles para estos desarrollos, como es el caso de las carreras de carros y tantos juegos metafóricos que se encuentran en el mercado, algunos con fines puramente recreativos, otros con fines didácticos. Usando realidad virtual, la industria está desarrollando nuevos juegos donde los participantes se sumergen mental y sensorialmente en mundos imaginarios en donde actúan como si estuvieran en el mundo real.

Teniendo en cuenta la *cantidad de los participantes*, pueden ser individuales o colectivos. Se llaman *juegos individuales* porque cada uno realiza su propio juego, pero realmente se practican por parejas como es el caso del ajedrez y la mayoría de juegos electrónicos. Otros son de carácter *colectivo* porque en él participan más de dos personas. Cada uno de estos tipos tiene su propia dinámica lo cual exige al docente esquemas de organización diferentes.

Según la *relación entre los participantes*, los juegos pueden ser adversativos o colaborativos. La mayoría, son *adversativos*, un jugador se enfrenta a otro, o un grupo, a su adversario. En los juegos colectivos, se practica la *colaboración* entre los miembros del mismo grupo.

La práctica del juego

Frente al juego, a los educadores nos interesa saber cuándo utilizarlos, cómo organizar los estudiantes para practicarlos, cómo diseñarlos e implementarlos. En cuanto al momento apropiado, el juego puede ser utilizado en diferentes oportunidades: para ejercitar una habilidad o destreza o para inducir la formación de un concepto o aplicarlo.

Cada profesor práctica el juego con sus estudiantes de una manera muy particular. Con el fin de enriquecer esa didáctica específica, sugerimos un proceso con etapas como las siguientes: inducción, preparación, práctica y actividades posteriores. La inducción tiene por objeto animar a los estudiantes a practicarlo. Si no se disponen, se orienta la manera de conseguir los implementos necesarios. La preparación tiene por objeto organizar a los estudiantes y tener conocimiento de las metas y de las reglas del juego. Para ello se pueden hacer exposiciones demostrativas. En el desarrollo conviene animar a los estudiantes, especialmente a los perdedores, en el caso de los juegos adversativos. Cuando los juegos son flexibles y sencillos, una vez ejercitados siguiendo las reglas preexistentes, se puede orientar para introducir cambios a esas reglas permitiendo al estudiante el desarrollo de la creatividad. Esto último constituye una fase intermedia para el diseño e implementación de nuevos juegos. Como actividades posteriores al ejercicio de jugar se analiza con los estudiantes las estrategias ganadoras y su comportamiento a través del juego, si se aplicaron adecuadamente las normas, si hubo consenso en la definición de nuevas reglas y cuál fue la actitud como ganadores o perdedores. También se pueden efectuar extrapolaciones con situaciones de la vida cotidiana.

Creación de juegos

La creación de juegos por parte de profesores y estudiantes es una actividad vital para el desarrollo de la creatividad y la habilidad para plantear y resolver problemas. Para que los estudiantes lleguen a crear juegos es necesario que primero practiquen los existentes, luego que el profesor diseñe sus propios juegos y los desarrolle con sus estudiantes. Cuando ya tenga la pericia puede hacer que sus estudiantes jueguen a *"quien inventa el mejor juego para..."* En el proceso específico de creación de un juego se sugiere seguir las siguientes etapas: diseño, implementación y actividades posteriores.

Siguiendo la metodología del diseño, un juego parte de un problema pedagógico, el cual puede estar orientado a cómo despertar en los estudiantes ciertas motivaciones, cómo desarrollar ciertas destrezas, habilidades, actitudes o la comprensión de determinada temática. Luego de identificar el problema se plantea el objetivo pedagógico, esto es el desarrollo concreto de la destreza, habilidad, actitud o manejo temático específico. Después de tener claro el componente pedagógico se define la estructura del juego; esto es la meta, los medios, los recursos y las reglas. Dependiendo de la naturaleza del objetivo se seleccionan los medios y condiciones. Por ejemplo, para el desarrollo de una destreza física, se prefieren juegos de campo abierto en donde se utilicen objetos medianos como pelotas, balones, palos, tablas, postes, árboles, etc. Las metas guardan relación con el objetivo. La meta en un juego de dominio de balón puede ser la pareja que más haga pases sucesivos con el muslo o con la cabeza o, el que más rápido recorra una serie de obstáculos... Las condiciones se refieren al número de participantes, a las distancias, al número de jugadas, etc. Las reglas están asociadas a las condiciones para alcanzar la meta, la secuencia de turnos, la manera como debe operar cada participante y las restricciones. En el juego de *cuál pareja hace mayor cantidad de pases con la cabeza*; se puede establecer que los estudiantes compitan en grupos de tres parejas. Cada pareja se coloca frente a frente a una distancia de X metros. Para golpear el balón con la cabeza el cuerpo debe estar en posición P, cada pareja tendrá la oportunidad de realizar N intentos y ganará la pareja que haya efectuado el mayor número de pases. Una vez definidas las reglas se preparan los medios y los elementos: el patio de recreo, las mesas, los computadores, etc.

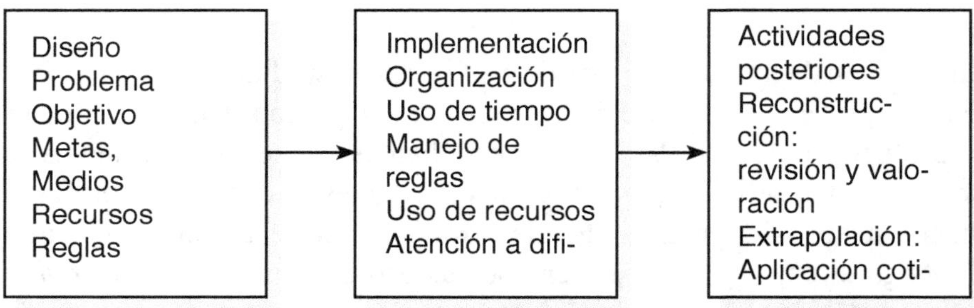

Diagrama 23:
Fases sugeridas para la creación de juegos por parte de estudiantes

Termina la fase de diseño, se implementa las veces que sea conveniente, en un tiempo racional, ni muy corto, que no satisfaga las expectativas, ni demasiado largo que genere cansancio y desmotivación. En esta fase el profesor está pendiente del grado de participación, del esquema organizativo, del manejo de las reglas, del uso apropiado de los recursos y de las dificultades presentadas para brindar el apoyo oportuno.

Como actividades posteriores se sugiere la reconstrucción y la extrapolación. Mediante la reconstrucción los estudiantes tienen la oportunidad de describir, relatar lo ocurrido, valorar su desempeño y el cumplimiento del objetivo pedagógico. La extrapolación tiene por objeto analizar la naturaleza del juego, establecer relaciones con situaciones de la cotidianidad; y procurar su aplicación a distintos campos del conocimiento.

Jugando en las diferentes áreas de estudio

A manera de bosquejo se presenta a continuación algunas ideas que pueden ser útiles para el diseño de juegos en las diferentes áreas de estudio.

En *Lenguaje*, los profesores diseñan crucigramas, sopas de letras y loterías; también se pueden organizar juegos de palabras como tablas en las cuales se colocan de acuerdo con reglas combinadas tales como letra o sílaba inicial, letra o sílaba terminal, que al mismo tiempo cumplan el papel de sustantivos, verbos o adjetivos. En niveles superiores se pueden hacer juegos de figuras literarias; por ejemplo una metáfora que relacione el crecimiento de los árboles con la vida de las personas. Se pueden realizar construcciones colectivas, en las cuales, en torno de una temática o un problema particular, cada estudiante agrega una proposición hasta obtener un texto, el cual puede ser un ensayo o una obra de cualquier género literario. Con este método también se pueden efectuar lecturas secuenciales. En general, los juegos en Lenguaje apoyan el razonamiento verbal y por ende la comprensión de conceptos.

En *Matemáticas*, los profesores usan diversidad de juegos para iniciar temas; por ejemplo, con lanzamientos de monedas, dados, tiros al blanco, o el lanzamiento de balones a un arco o una cesta; se pueden iniciar o reforzar las operaciones básicas, la aleatoriedad y la estadística. Usando elementos sencillos como líneas, se pueden construir figuras o cuerpos geométricos. El parqués sirve para comprender los primeros números. Se pueden organizar juegos de cálculo siguiendo la estructura del ábaco y, construcciones colectivas en las cuales cada estudiante agrega un número en una secuencia aritmética o geométrica. Existe una gran variedad de juegos electrónicos para la ejercitación de habilidades relacionadas con el cálculo. En general, los juegos en Matemáticas permiten el desarrollo de habilidades relacionadas con el razonamiento numérico, espacial, estadístico y variacional.

En *Ciencias Naturales* existen juegos sobre ecología, en los cuales se tratan problemas y soluciones relacionados con el equilibrio ecológico. En Biología se pueden diseñar juegos en donde se relacionen seres vivos con su medio; en anatomía comparada, órganos con funciones; en Química, elementos con sus propiedades. Se pueden organizar secuencias colectivas para enunciar las etapas de un proceso bien sea físico, químico o biológico. En general los juegos de Ciencias Naturales pueden estar asociados con la diferenciación y aplicación de conceptos.

En *Ciencias Sociales*, la oportunidad para desarrollar juegos es muy grande: existen algunos que relacionan lugares; por ejemplo, países con capitales. Los sucesos históricos, la transformación de las culturas, la economía y temáticas afines, son fáciles de representar a través de construcciones colectivas, en las cuales, cada estudiante agrega de manera secuencial un hecho particular dentro de un acontecimiento histórico.

Las *tecnologías* ofrecen un mundo de posibilidades para desarrollar juegos: los mecanismos, la funcionalidad de los aparatos, réplicas de ciudades y de parques tecnológicos. Las clases de tecnología también pueden ser útiles para crear juegos aplicados en las demás áreas de trabajo utilizando herramientas manuales, eléctricas y electrónicas como el computador.

Los profesores de *Educación Física* son expertos en crear juegos recreativos y predeportivos; por ejemplo, algunos inventan juegos para mejorar la destreza en el manejo de balón, para la aplicación de las reglas de cada deporte y para el desarrollo de estrategias en cada uno de ellos. También se pueden crear juegos de reconocimiento de imágenes para desarrollar las habilidades perceptivas en cada uno de los sentidos.

En *Artes* se pueden desarrollar variedad de juegos para el manejo de las técnicas en dibujo, pintura, escultura, música y teatro. Por ejemplo, creaciones colectivas en las que cada estudiante aplica un pincelazo para pintar algo previamente convenido. Esto mismo se puede aplicar en las diferentes expresiones artísticas.

En *Ética* se pueden recrear situaciones de la vida cotidiana para la práctica de diferentes actitudes y valores, haciendo uso de contextos específicos. Por ejemplo, organizar grupos de cinco, uno de los cuales presenta un grave problema y cada uno de los cuatro restantes aporta elementos para resolverlo.

En síntesis, los juegos bien diseñados y desarrollados adecuadamente constituyen un mundo de posibilidades para que los estudiantes comprendan, desarrollen estrategias para la solución de problemas, e incrementen sus niveles de motivación por el conocimiento.

Juegos de roles

A menudo suele escucharse el aforismo *"la vida es juego"*: quienes conocen las reglas de la sociedad, y las aplican, parecen tener mejores éxitos. En la historia han ocurrido y siguen sucediendo acontecimientos con protagonistas y antagonistas. Los hechos protagonizados por las personas o por los grupos, llevan la impronta de visiones particulares, no siempre compartidas por unos y otros. La estratificación social, la inmensa diversidad de intereses, y los numerosos conflictos al interior de nuestras sociedades, nos insinúan a diario, la necesidad de entendernos. Se afirma con

Figura 11:
En el transcurso de la vida asumimos diferentes roles

frecuencia que la manera más segura de comprender al adversario es "colocarse en su lugar".

Los juegos de rol o juegos de roles, como lo indica la expresión, son aquellos en los que cada cual asume un papel o un rol que cumplir, dentro de un contexto determinado. Se basan en la caracterización de ideas o actuaciones diferentes, generalmente encontradas o controvertidas. Tales actuaciones se tipifican y se asumen entre un grupo de estudiantes, quienes montan una breve representación teatral en torno de cada una de las posiciones. Esto sirve a ellos mismos y a quienes los observan para entender el papel de cada cual, en función de las circunstancias que le rodean.

Juegos de roles en las diferentes áreas de estudio

En los colegios son usuales las representaciones de diversas situaciones cotidianas, por ejemplo, la forma como afectan a los hijos, las conductas de sus padres. En las *Ciencias Sociales*, se han usado para estudiar problemáticas en torno de la familia, del municipio, del país, etc. También se utilizan para representar hechos históricos relevantes, en los que cada estudiante asume algún papel, bien sea de héroe o tirano. En las *Ciencias Naturales*; por ejemplo, dos estudiantes pueden discutir sus concepciones a cerca del cosmos, uno con la teoría de Copérnico y el otro con la visión de Ptolomeo. En Álgebra, se pueden designar tres estudiantes; cada uno escoge método de solución de ecuaciones de primer grado con dos incógnitas (sustitución, igualación, eliminación) y trata de convencer a sus compañeros que su método es el mejor. En *literatura* se pueden efectuar representaciones de tramas o escenas; o la confrontación entre escuelas literarias. En *tecnología*, se pueden personificar dispositivos o aparatos de igual naturaleza funcional, en los que cada uno trata de convencer al otro, que su mecanismo es más óptimo. En *Educación física* se pueden representar los roles de dos técnicos que usan estrategias diferentes en un determinado deporte. En *ética*, resulta útil la representación de dilemas morales en los que dos estudiantes representan a la misma persona colocada frente a una disyuntiva: ante la misma circunstancia, cada uno actúa a partir de una decisión diferente. En fin, podemos imaginar situaciones en cada una de las áreas en las cuales el juego de roles, puede ser la mejor estrategia para la comprensión de un acontecimiento controvertido.

Implementación

Ahora nos interesa proceder con una metodología apropiada para hacer que el juego de roles cumpla una función pedagógica dentro del proceso de aprendizaje. Como ocurre con las demás estrategias, en ésta también se recomiendan algunas fases como las siguientes: ambientación, organización, preparación, montaje, presentación y análisis. Para ambientar la actividad, el profesor puede realizar comentarios, destacando la importancia de los acontecimientos; apoyándose en algún documento, ilustración o video. Luego, los estudiantes se organizan por parejas o grupos más grandes, dependiendo de la cantidad de personajes o situaciones a las que haya que representar. Cada uno de los integrantes del grupo prepara su actuación partiendo de documentos y apoyos que el profesor le pueda brindar. Cuando cada estudiante tenga claro su papel se monta la actuación. La presentación se efectúa ante los demás compañeros. Finalmente viene el análisis colectivo para derivar conclusiones que puedan ser generalizables y, en lo posible, aplicables a la vida cotidiana.

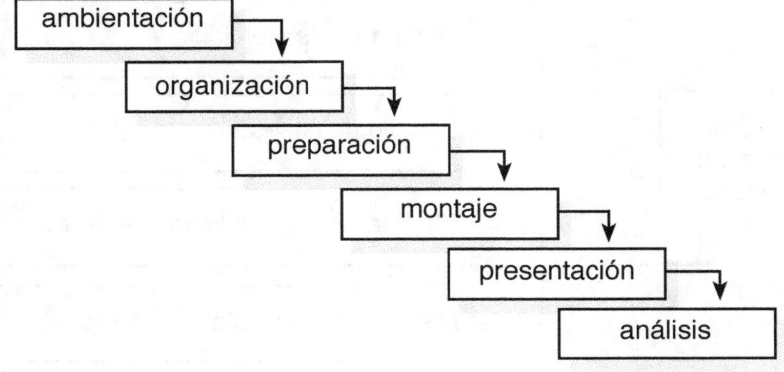

Diagrama 24:
Etapas sugeridas para la implementación de un juego de roles

Los juegos de roles favorecen la comprensión de hechos o teorías y además brindan la oportunidad a los estudiantes para que muestren sus habilidades histriónicas. Al igual que con las demás estrategias, es conveniente usarlos de manera racional, para que tengan su efecto positivo sobre los procesos de aprendizaje.

Estrategias orientadas a la aplicación conceptual

Hemos clasificado las estrategias cognitivas en dos grupos de acuerdo con su orientación conceptual: comprensión y aplicación. La razón de tal clasificación es de orden metodológico y obedece al énfasis de cada una de las estrategias. Entre comprensión y aplicación no existe dicotomía sino complementariedad: se comprende para aplicar, y aplicando se comprende mejor. Esta relación es vital si recordamos que la persona competente es aquella que sabe hacer las cosas, comprendiendo lo que hace.

El grupo de estrategias metodológicas ya expuestas hace énfasis en la comprensión; ahora nos disponemos a presentar aquellas encaminadas a la aplicación conceptual; esto es, el desarrollo de postulados teóricos a situaciones prácticas. Entre las estrategias orientadas a la aplicación de conceptos se pueden estudiar las siguientes: desarrollo de ejercicios, estudio de casos, planteamiento y solución de problemas, y diseño y desarrollo de proyectos.

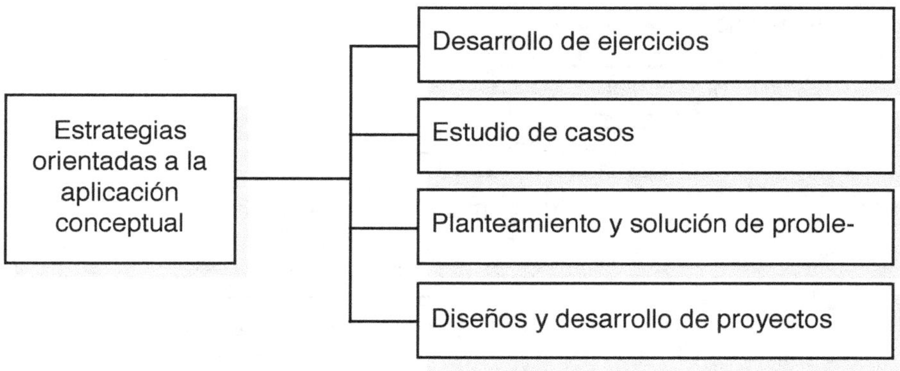

Diagrama 25: Estas estrategias hacen énfasis sobre la aplicación conceptual; sin embargo, implican la comprensión de los conceptos inmersos

Desarrollo de ejercicios

Tradicionalmente el estudio de las Matemáticas ha girado en torno de explicaciones del profesor y del desarrollo de ejercicios. ¿Qué sería del aprendizaje de esta área si no se resolvieran los ejercicios prototipo? Sería un laberinto de formulaciones teóricas con muy poco contacto con la realidad, sin relación con situaciones cotidianas.

El problema

Es indiscutible el ejercicio como un medio para clarificar conceptos y procedimientos; sin embargo, muchas veces los estudiantes se sienten abatidos cuando se enfrentan a una cantidad exagerada. Los mismos profesores también se sienten congestionados cuando tienen ante sí un cúmulo de hojas, con los ejercicios de sus estudiantes "para corregir". ¿Por qué esta tensión? Probablemente porque reconociendo el valor pedagógico del ejercicio, se exagera su uso.

¿Por qué los ejercicios parecen asegurar el aprendizaje? Un ejercicio es la aplicación de una formulación teórica general a un caso particular. El ejercicio permite instanciar la teoría, facilitar su comprensión y hallar sentido práctico. En cierta forma, es una especie de entrenamiento, en donde, a fuerza de repetir y cometer errores se desarrolla la habilidad para aplicar conceptos, algoritmos y procedimientos.

Alternativas didácticas

¿Cómo hacer del ejercicio una oportunidad para el aprendizaje efectivo y tranquilo? Sería conveniente examinar alternativas metodológicas para hacer del ejercicio una estrategia eficaz, y que no se constituya en tormento para los estudiantes, una carga para los docentes y una pesadilla para los padres de familia. Algunos principios a tener en cuenta son la gradualidad, la modalidad la cantidad y la retroalimentación. La *gradualidad* se refiere al nivel de dificultad que puede soportar el estudiante: por ello es conveniente ir desde lo fácil hasta lo difícil, de

Figura 12:
El ejercicio es eficaz en el aprendizaje, si se practica de manera gradual, y dosificada evitando el estrés y el cansancio extremo

lo simple a lo complejo. La *modalidad* está en relación con las diferentes expresiones concretas de una formulación teórica; cuyas manifestaciones típicas generan prototipos o esquemas de los casos más frecuentes. La *cantidad* es una variable crucial, pues se trata de seleccionar el número necesario para aplicar cada prototipo o caso genérico. No es necesaria una cantidad exagerada, basta seleccionar cuidadosamente dos o tres ejercicios del mismo caso y asegurar que el estudiante los desarrolle y comprenda en profundidad.

La *retroalimentación* del ejercicio es tema que merece un cuidadoso análisis. Es necesario que el estudiante tenga información de retorno tanto para los ejercicios que plantea como para aquellos que resuelve, con el fin de clarificar de manera precisa la relación con la teoría y aspectos particulares del procedimiento. Algunos profesores aún cargan sobre sí *toda* la responsabilidad de revisar *todos* los ejercicios de *todos* los estudiantes. Otros implementan mecanismos para evitar la "carga". Algunas de las opciones más frecuentes son: explicar ejercicios prototipo y que cada estudiante revise su propio desarrollo, corrija las fallas y aclare las dudas. Una variante de esta alternativa es que el estudiante revise el ejercicio de otro compañero y luego le entrega un informe. Otra alternativa es que los estudiantes en pequeños grupos, revisen de manera colectiva; el profesor brinda orientación directa a cada uno de ellos.

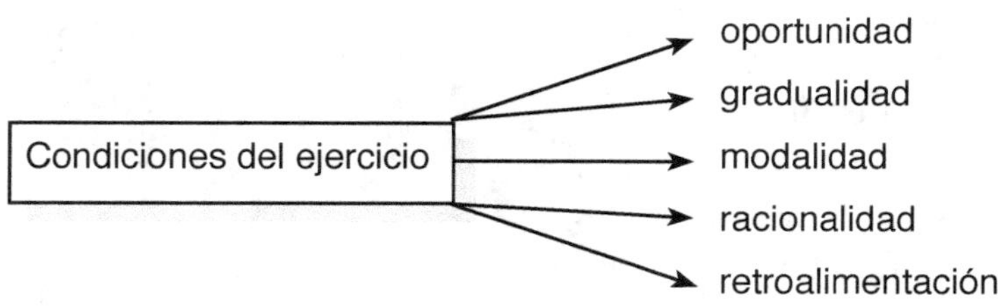

Cuadro Sinóptico 5:
Condiciones del ejercicio para un aprendizaje efectivo

En cuanto al momento de su utilización, el ejercicio puede ser tomado a modo de inducción, ejemplificación o entrenamiento. A manera de inducción, puede ser presentado como la expresión de un hecho concreto, mediante el cual se lleva al estudiante a comprender un determinado concepto, siguiendo un camino inductivo, desde lo concreto hasta lo abstracto. Una vez entendido el fundamento conceptual, el ejercicio se constituye en un medio de prueba de la teoría, aparece como un ejemplo, como un caso particular que comprueba un planteamiento general. Como medio de entrenamiento el estudiante desarrolla una batería de ejercicios con el fin de asimilar y reforzar conceptos, algoritmos o procedimientos. Generalmente el profesor es quien "coloca los ejercicios", esto es bueno, pero no siempre puede ser así. Los estudiantes también pueden plantear sus propios ejercicios, lo cual les ayuda a comprender a profundidad la teoría que los respalda. Lo ideal es que existe equilibrio entre los ejercicios planteados por el profesor y los planteados por el estudiante.

Resolviendo ejercicios en las diferentes áreas de estudio

Indicamos al comienzo que los profesores de *Matemáticas* hacen un copioso uso de los ejercicios, también los profesores de *Ciencias Naturales* y de *Educación Física*. En estas áreas, existen campos temáticos bastante amplios y conocidos para el planteamiento y desarrollo de ejercicios. En las demás áreas también existen temáticas o situaciones propicias en las cuales, el ejercicio resulta de gran interés y utilidad.

En *Lenguaje* suelen realizarse ejercicios de pronunciación, vocalización, caligrafía, ortografía, composición, análisis gramatical y literario; en general todas aquellas categorías relacionadas con la expresión oral o escrita y, en un campo más amplio, la comunicación. Los ejercicios de vocalización y composición pueden realizarse de manera individual o por parejas en donde uno lo ejecuta y el otro observa y valora, también pueden realizarse utilizando grabadoras o videograbadoras para apreciar el desempeño de manera detallada. En los ejercicios de análisis gramatical y literario se puede combinar el trabajo individual con el grupal para generar enriquecimiento mutuo. Los ejercicios de expresión y de comunicación están más directamente relacionados en el desarrollo de las competencias en estos campos.

En las *Ciencias Sociales* es muy recomendable la aplicación de los conceptos básicos al contexto del estudiante. Se pueden plantear y resolver ejercicios sobre geografía física, económica y cultural; se pueden extrapolar al presente, hechos del pasado. A manera de ejemplo, se puede establecer un contraste entre los elementos culturales de la actualidad que tienen una inspiración en el renacimiento, frente a otro tipo de conductas que aún siguen patrones ideológicos del feudalismo. En cívica, los ejercicios de convivencia y participación democrática son de gran utilidad.

En *tecnología* se pueden plantear y resolver ejercicios relacionados con los principios funcionales de los dispositivos o aparatos, como armar pequeños componentes, ensayar materiales o estructuras; además, ejercitar los fundamentos matemáticos que subyacen a los procesos.

En *artes*, los ejercicios son muy útiles para el aprendizaje de las técnicas que se hallan implícitas en cada una de las expresiones artísticas. Por ejemplo, el aprendizaje de la guitarra, en buena parte se lleva a cabo mediante la repetición de los esquemas melódicos y rítmicos.

En *ética*, resultan de gran utilidad, los ejercicios de valoración de las actitudes humanas a partir de situaciones reales o ficticias. Lo valioso de ellos está en la diversidad y solidez argumentativa de las apreciaciones.

Como cualquier otra estrategia, la práctica del ejercicio requiere de un uso racional, buscando siempre el momento apropiado y la metodología que favorezca el aprendizaje, ojalá con altos porcentajes de eficacia y cero índices de estrés.

Estudio de casos

El estudio de casos es una estrategia que algunos educadores han venido utilizando en los últimos años, no sólo para la aplicación, sino también para la integración conceptual. Consiste en seleccionar un hecho de interés y analizarlo para derivar aprendizajes. Se consideran casos tan sencillos como la caída libre de un cuerpo, hasta otros tan complejos como la epopeya de un pueblo. El estudio de un caso permite mirar sus aspectos o aristas desde puntos de vista diferentes, aplicando campos diversos del conocimiento humano.

Un caso se tipifica como un hecho real, pertinente e interesante, susceptible de ser identificado, estudiado y presentado al análisis, en el cual afloran implicaciones de diversa índole, por ejemplo, en el campo científico, tecnológico, social, económico, etc.

En términos metodológicos se pueden caracterizar etapas relacionadas con la selección, la reconstrucción, la exposición, el análisis y la extrapolación. Como criterios de *selección* se pueden tener en cuenta la novedad, el nivel de interés que suscite, el grado de afectación (positiva o negativa) a la comunidad escolar o a la sociedad en general, y su pertinencia con el currículo. Una vez seleccionado el caso, se procede a su *reconstrucción*, para lo cual se recoge la información correspondiente. Ésta, cuando se trata de un hecho próximo, se puede obtener mediante observación directa y diálogo con testigos. La reconstrucción permite identificar los hechos relevantes y las relaciones entre los mismos. Una vez reconstruido se realiza la *exposición* ante el grupo de estudiantes, se analizan sus causas, sus consecuencias y se establecen relaciones con los factores circunstanciales. Esta fase de *análisis* brinda la oportunidad para aplicar y dilucidar diferentes conceptos, los cuales se integran en el contexto de la situación. Finalmente, la extrapolación permite simular nuevas condiciones o escenarios buscando generalizaciones que puedan ser útiles en la vida cotidiana de los estudiantes.

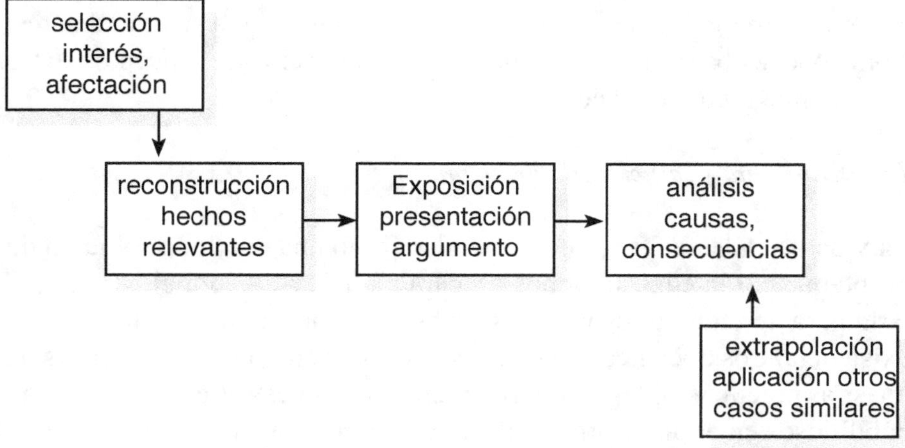

Diagrama 26:
Proceso sugerido para llevar a cabo un estudio de casos

Al igual que ocurre con otras estrategias, se recomienda que los primeros estudios de casos sean realizados por el profesor. A medida que los estudiantes se van familiarizando con la metodología, pueden ir incrementando sus niveles de participación en cada una de las etapas, hasta lograr, a través de los grados escolares, que ellos, por su propia cuenta, sean capaces de realizar y documentar estudios completos.

Los casos materia de estudio son de diversa naturaleza, entre ellos fiestas, guerras, accidentes, catástrofes naturales, celebraciones o cualquier otro acontecimiento. Como ejemplos se pueden dar: el desbordamiento de un río, el accidente de un avión, la caída de un meteorito, la creación de una máquina, el descubrimiento de un fenómeno, las efemérides del colegio, un carnaval, las elecciones presidenciales, la guerra entre dos naciones, la vida de una persona, la historia condensada de un pueblo, el desarrollo y desaparición de una civilización, la aparición y extinción de una especie, etc. La forma de acceder a estos casos es a través de documentos como textos, videos y algunas veces, el testimonio de personas. En cada uno de estos casos se pueden realizar análisis desde diferentes campos del conocimiento: desde la geografía, la historia, las matemáticas, el lenguaje, la comunicación, la ciencia, la tecnología, el arte, la ética. Dependiendo de su relación con el plan de estudios se hace énfasis en el campo específico.

El estudio de casos se constituye en una nueva estrategia que depende mucho del ingenio e iniciativa del profesor, su capacidad para administrar el tiempo, emplear los recursos del medio y organizar a sus estudiantes. Como puede observarse, sirve tanto para la aplicación de conceptos como para la integración curricular.

Planteamiento y solución de problemas

La vida de cada cual se puede entender como una continua solución de problemas. Si la educación nos prepara para la vida, lo mejor es orientarla para aprender a resolver los problemas que surgen a lo largo de la existencia. Los docentes somos conscientes de ello; por esto, a través de nuestras prácticas pedagógicas intentamos que nuestros estudiantes sean habilidosos en el planteamiento y solución de problemas.

Usualmente se confunde problema con ejercicio, y problema con necesidad. ¿Cuáles son las diferencias? Como lo estudiamos en una sesión anterior, los ejercicios constituyen resolución de situaciones, generalmente hipotéticas. Los problemas surgen de necesidades reales. Sobre el concepto de necesidad hay varias versiones: "En una visión homeostática, la necesidad es vista como una forma de desequilibrio de un sistema. Otros la definen como la diferencia entre lo que un sistema (social,

institucional, físico, biológico) es en la actualidad y lo que debiera ser."
(Maldonado, 1997:25) Tomando como referencia cualquiera de las dos
visiones, se consideran necesidades, situaciones de carencia como: falta
de agua, de alimento, de salud, baja motivación, baja autoestima.

¿Qué es un problema? En términos generales, un problema consiste
en una situación de incertidumbre que debe ser resuelta. Se expresa
como una pregunta cuya solución es encontrar un estado de certeza
o de máxima reducción de incertidumbre. De acuerdo con Russell &
Norving, (1996), un problema se puede concebir como una meta con su
correspondiente conjunto de pasos para alcanzarla. Plantear un problema
significa describir el estado actual del sistema y el estado ideal, el que se
desea alcanzar. La solución consiste en encontrar la secuencia adecuada
de acciones para transformar el sistema de un estado a otro. Para ello
se requieren procesos de búsqueda y de valoración. Desde un interés
pedagógico, conviene aprender a describir los estados del sistema y a
encontrar la mejor solución posible, esto es la secuencia de acciones que
mejor asegure la meta final o el estado ideal. El problema lleva asociado
el *cómo*: el conjunto de etapas que transforma la situación.

Planteamiento de problemas

En el aprendizaje relacionado con la habilidad para resolver problemas,
los educadores nos encontramos ante un verdadero problema: ¿cómo
hacer para que nuestros estudiantes aprendan a plantear y resolver problemas? Nótese que éste es un clásico problema. El estado inicial son
estudiantes con poca habilidad para plantear y resolver problemas; y el
estado deseado son los estudiantes con grandes habilidades para ello. Tan
importante como la solución es el planteamiento de un problema; el cual
se inicia con el estudio de la situación para encontrar la necesidad. Una
vez ubicada la necesidad como desequilibrio o carencia, se concibe el
estado deseado. Con estos dos elementos se llega a la formulación del
problema.

Proceso de solución

El proceso de solución puede llevarse a cabo de diversas maneras. De acuerdo con la visión de Köhler (1972), la solución de un problema está asociada a la comprensión o al descubrimiento de relaciones inherentes a la situación en la cual se halla inmerso. En los problemas cotidianos estas relaciones pueden estar presentes, sólo basta expresarlas, para resolverlos. En cambio, en los problemas científicos, la relaciones se hallan ocultas al investigador, entonces, éste tiene que reestructurar la situación para hacer que emerjan las nuevas relaciones por las cuales se indaga.

Uno de los métodos creados para la solución de problemas corresponde al de Polya (1987). Con base en su experiencia de enseñar a profesores para que sus alumnos se motivaran por las Matemáticas, Polya ideó un modelo con cuatro fases: comprensión del problema, elaboración de un plan, ejecución del plan y visión retrospectiva. Para cada una de estas fases definió heurísticos o caminos de búsqueda. En el proceso de *comprensión del problema* recomienda identificar la incógnita y la información con la cual se cuenta, trazar gráficos o diagramas para representar el espacio o contexto del problema. Los heurísticos para *elaborar el plan* están relacionados con descomponer el problema en subproblemas, organizar vías de solución en clases equivalentes encontrando la secuencia para cada clase y, efectuar un barrido retrospectivo partiendo desde el estado final hasta el inicial. La *ejecución del plan* sigue los pasos previstos en su elaboración. La *visión retrospectiva* consiste en verificar la solución para lo cual, Polya propone resolver el problema de modos diferentes y comparar las soluciones obtenidas por esas vías.

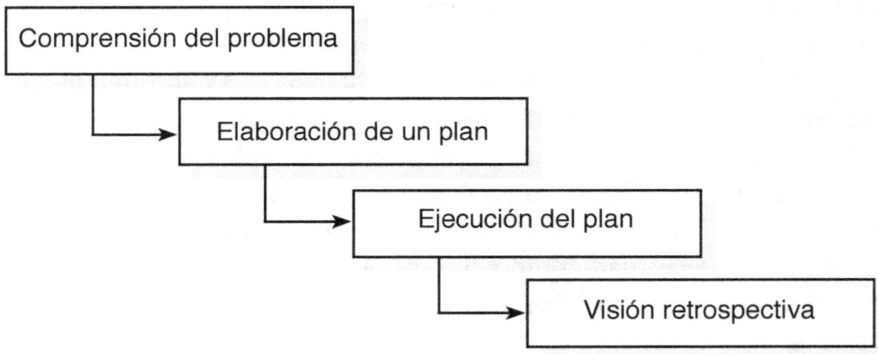

Diagrama 28: Etapas sugeridas por Polya para la solución de un problema

Desde un punto de vista cognitivo, Ellen Gagné (1992) sugiere un modelo de solución en tres etapas: representación, transferencia y evaluación. La *representación* es la expresión del problema en algún tipo de formato gráfico, esto implica la comprensión del mismo, incluyendo la descripción del contexto, los elementos del problema y las relaciones entre ellos. La *transferencia* consiste en la aplicación de conceptos para encontrar la solución adecuada. Mediante la *evaluación* se prueba que la solución encontrada es acertada.

Situaciones en las cuales se pueden plantear y resolver problemas

La institución educativa y su contexto son ambientes muy ricos para formular problemas y plantear soluciones a los mismos. Las posturas erróneas de los estudiantes al sentarse o al caminar son ejemplo de situaciones que parecen sencillas pero encierran verdaderos problemas, cuya solución implican esfuerzos desde diferentes disciplinas del conocimiento. Otras situaciones son: el manejo de las basuras, los perros callejeros, la ausencia de jardines, la desnutrición de los niños, la carencia de atención médica, la agresividad, la violencia, la falta de oportunidades de trabajo... En general desde los pequeños problemas de una persona hasta los grandes males de la sociedad son materia de estudio desde una perspectiva de planteamiento y solución de problemas.

En realidad, a la institución educativa, no le compete, ni es su responsabilidad solucionar los problemas de la sociedad (salvo los educativos); pero tampoco puede ser ajena a la realidad de la cual hacen parte sus estudiantes, a quienes pretende formar para que vivan en un mundo mejor. Lo que la institución educativa sí puede, es convertirse en un laboratorio de simulación donde se examinan los problemas, se plantean y se valoran soluciones, preparando la mente de los estudiantes para actuar de manera propositiva ante la realidad. Vale la pena recordar el aforismo que reza: "la comprensión de un problema es más de la mitad del camino de su solución."[2]

---

2   Este aforismo es una analogía del clásico expresado por J. Clancey: "una buena pregunta es más de la mitad del camino para un nuevo entendimiento."

Un ejemplo

A continuación se describe un esbozo de situación hipotética. El piso del patio del colegio está deteriorado, se forman charcas, allí se tropiezan y se caen los estudiantes; es un factor de riesgo para la comunidad educativa y además, afecta la estética del plantel. La necesidad se deduce de la situación actual del sistema: el piso del patio en condiciones no propicias para el desplazamiento, el deporte y la salubridad. El estado ideal es el piso del patio en excelentes condiciones. El problema consiste en *cómo* transformar el patio desde las condiciones actuales a las condiciones ideales.

El planteamiento y solución de problemas requiere de un trabajo interdisciplinario. Como la situación plateada es hipotética al carecer en este momento de los datos reales, no se pueden señalar con precisión las vías de solución. Sin embargo, por su naturaleza, en el proceso de solución de este problema, se requiere un manejo matemático para los cálculos de áreas, de cantidades de materiales y de costos. Se aplican conceptos de Física y Geología para comprender por qué el hundimiento y deterioro de algunas zonas, para establecer resistencia de materiales, para efectuar las mezclas apropiadas... Se necesitan también los conceptos de la Cívica para que los estudiantes tengan un comportamiento adecuado durante el tiempo de reparación. Los conceptos de la estética son prioritarios en la selección de colores, texturas y formas que armonicen con el conjunto del plantel. Conceptos de disciplinas deportivas serán necesarios, si allí se desean instalar canchas o esquemas gráficos para juegos recreativos. Podríamos seguir examinando el problema y encontraríamos un conjunto numeroso de conceptos, habilidades y destrezas para resolverlo. Por ello, el planteamiento y solución de problemas implica *competencias* en el más alto grado.

En problemas de este tipo, los estudiantes de un determinado grupo o curso pueden llevar a cabo el planteamiento, la comprensión y la elección de varias vías de solución. Corresponde a las autoridades del plantel, optimizar y llevar a cabo la solución definitiva. En todo caso, el ejercicio de plantear y proponer soluciones viables es de gran valor pedagógico para el grupo de estudiantes que lo realiza.

Diseño y desarrollo de proyectos

Quien carece de proyectos, no tiene futuro

Diseñar y desarrollar un proyecto implica *competencia* en el más alto grado porque en él se integra el conocimiento declarativo con el procedimental. Todas las estrategias expuestas anteriormente, se pueden implementar en proyectos. En las últimas décadas, las instituciones educativas los han venido introduciendo como estrategias de gestión en la administración y la pedagogía. En este último campo, el trabajo por proyectos pretende resolver uno de los más viejos problemas estructurales de los sistemas educativos: el academicismo. Con los proyectos se pretende tener contacto permanente con la realidad, y sobre todo, transformarla. En el afán por implementar esta metodología, a experiencias con cierto nivel de estructuración se les denomina proyectos, sin que realmente lo sean.

Naturaleza de los proyectos

¿Qué es un proyecto? En términos sencillos, un proyecto es el proceso mediante el cual se transforma de manera intencional una realidad. Transformar el mundo es una actitud permanente de los seres humanos; entre más altos son los niveles de racionalidad, mayor es la actividad proyectual; más grandes los problemas que se asumen y mayores los alcances. En esencia, un proyecto surge de un problema y se orienta a la consecución de logros (Maldonado, 1997). Por ejemplo, la mayor parte de los niños de cierta institución educativa tienen la costumbre de botar papeles en el salón y en el patio. De poco sirven los reclamos del rector y las recomendaciones de los profesores "¡boten siempre los papeles a la caneca!" La comunidad es consciente de la situación y sus miembros imaginan ver algún día el colegio completamente limpio en todo momento. De pronto llega un nuevo profesor quien analiza la situación y observa los caminos de solución que se han implementado. A través de los días concluye que botar los papeles al piso es una costumbre de los estudiantes y que los profesores también se han acostumbrado a desarrollar sus actividades pedagógicas en ese ambiente. El nuevo profesor se ha dado cuenta que los reclamos del rector y las recomendaciones de los profesores no han surtido efecto, que la costumbre de botar papeles al piso se mantiene. Entonces inventa una nueva estrategia, una nueva secuencia de acciones para alcanzar el estado ideal: un piso limpio a toda hora. Escribe su proyecto, logra el apoyo de sus compañeros, convence al rector, y la institución entera implementa, una a una las acciones previstas. Al cabo de varios meses, el ambiente ha sido transformado: a toda hora el piso está libre de papeles.

La normatividad educativa orienta a los docentes, llevar a cabo su trabajo por medio de proyectos. Al respecto, en Colombia, el artículo 36 del decreto 1860 de 1994 señala:

> *El proyecto pedagógico es una actividad dentro del plan de estudios que de manera planificada ejercita al educando en la formación de problemas cotidianos, seleccionados por tener una relación directa con el entorno social, científico y tecnológico del alumno. Cumple la función de correlacionar, integrar y hacer activos los conocimientos, habilidades, destrezas, actitudes y valores logrados en el desarrollo de diversas áreas, así como la experiencia acumulada... Los proyectos pedagógicos también podrán estar orientados al diseño y elaboración de un producto, al aprovechamiento de un material, equipo, a la adquisición de dominio sobre una técnica o tecnología, a la solución de un caso de la vida académica, social, política o económica y en general, al desarrollo de intereses de los educandos que promuevan su espíritu investigativo y cualquier otro propósito que cumpla los fines y objetivos en el proyecto educativo institucional. (Presidencia, 1.994)*

La actividad proyectual

Los proyectos implican tres procesos básicos: diseño, desarrollo y evaluación. El diseño parte con el planteamiento del problema, lo cual, sugiere un proceso cuidadoso, ya considerado anteriormente. Incluye también la definición de metas o logros esperados, y la secuencia de actividades, las cuales conviene expresar con cronograma y recursos. En esta etapa es necesario entender que, *todo proyecto es finito*, tanto en sus alcances, en la población beneficiada, en el tiempo empleado y en los recursos utilizados. Para facilitar este trabajo de planeación existen diversos formatos, e incluso programas en computador. Lo importante, es tener claro que el diseño se hace con el fin de prever los resultados, y de organizar y controlar su ejecución.

Una vez diseñado el proyecto, se inicia el proceso de desarrollo siguiendo la secuencia de actividades definida en el cronograma. Cada actividad es ejecutada bajo la dirección de la persona o equipo responsable, el tiempo y haciendo uso de los recursos previstos. La evaluación se realiza de manera permanente y simultánea con la ejecución de las actividades; en cada una de ellas se valora la forma como se desarrolló, el grado de participación, responsabilidad y el logro alcanzado. Una vez culminada la fase de desarrollo, conviene realizar una evaluación global para apreciar de conjunto y valorar que tanta correspondencia hubo entre lo planeado y lo ejecutado, cuál fue el nivel de logro en cada una de las metas, y en especial, cuál fue el impacto sobre la población objeto.

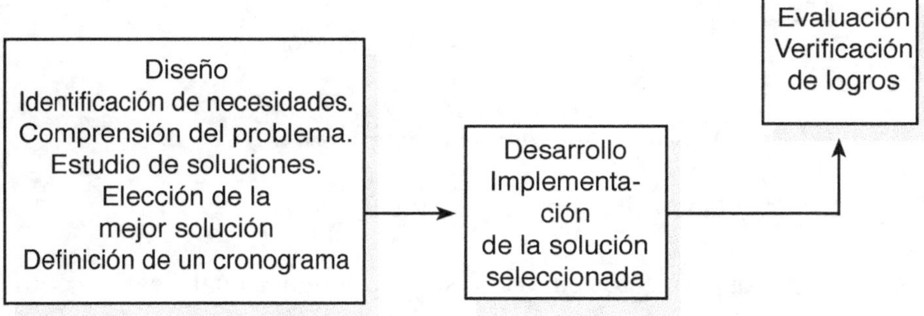

Diagrama 29: Etapas sugeridas para llevar a cabo un proyecto pedagógico
como proceso de transformación en el ambiente institucional

Los procesos de diseño, desarrollo y evaluación de proyectos requieren un cuidadoso trabajo de liderazgo, dirección, organización y participación de docentes y de estudiantes.

Tipos de proyectos

Los proyectos por naturaleza son interdisciplinarios. Tanto para la comprensión del problema como para hallar la solución y emprender el conjunto de acciones, se requiere el conocimiento de diversos campos. Todos los proyectos, de alguna manera generan transformaciones culturales, cambios en el modo de pensar y actuar de las personas tanto en forma individual como colectiva. Por tratarse de una de las mejores estrategias para el aprendizaje y desarrollo de las competencias, presentamos a continuación, entre otros, tres tipos de proyectos, clasificados así, no porque, sean en extremo diferentes sino porque expresan énfasis en función del tipo de transformación que sucede a través de ellos. Consideramos entonces, proyectos orientados al cambio de actitud, al diseño tecnológico, y la producción de conocimiento o proyectos de investigación científica. Aunque cada uno de ellos incluyen componentes de los otros dos, por razones metodológicas, los exponemos por separado con el fin de enriquecer la visión e incrementar el conocimiento sobre el manejo de esta poderosa estrategia.

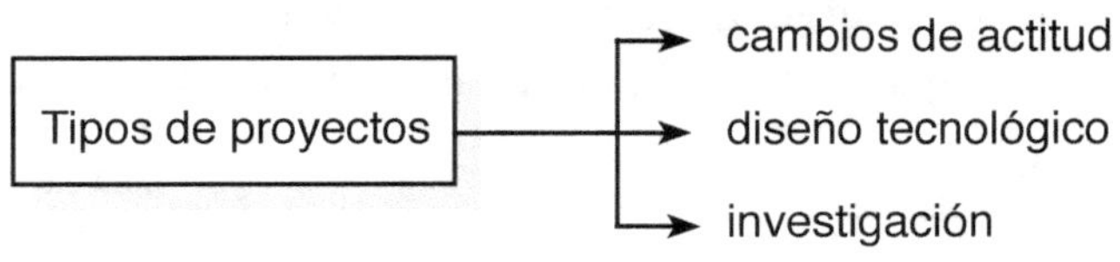

Cuadro Sinóptico 6:
Algunos de los proyectos de interés pedagógico

Proyectos orientados al cambio de actitud

Existen algunos proyectos cuyo énfasis se orientan a cualificar los comportamientos de un conglomerado social. Los proyectos pedagógicos realizados en la institución educativa, en su mayoría tienen este perfil. Imaginemos X institución, cuyo estudiantado presenta altos niveles de agresividad y bajos niveles de participación democrática. Mediante un proyecto de civismo y valores humanos, al cabo de cierto tiempo, esta comunidad de estudiantes puede disminuir de manera significativa su agresividad y llegar a convivir de manera armónica sobre la base de unas normas elaboradas, aceptadas y acatadas colectivamente. Otros proyectos muy ligados a la transformación cultural son los de valores humanos, medio ambiente, educación sexual, recreación y producción artística. En la mayoría de instituciones educativas existen estos y otros proyectos similares.

¿Por qué algunos tienen éxito y otros, no? El principio fundamental para que los proyectos alcancen sus logros propuestos es seguir la lógica del diseño, desarrollo y evaluación. Sin embargo, para el caso de estos proyectos de orientación actitudinal, vale la pena destacar algunos elementos que favorecen su cabal realización. Una primera condición es que se conviertan en proyectos *institucionales*, en el sentido de que toda la comunidad educativa, en su conjunto esté comprometida con el sentido del proyecto. Una segunda condición es la *participació*n; la cual debe ser ejercida, al menos por el conjunto de profesores y el conjunto de estudiantes de la institución. ¿Participación en qué? En cada una de las fases del proyecto: diseño, desarrollo y evaluación. Esto no significa que todos hagan de todo. Se requiere que alguien dirija, que lleve la iniciativa, que motive y convoque a la acción. Detrás de un proyecto hay una buena organización y detrás de la buena organización se encuentra una excelente dirección. Una tercera condición es la debida *fundamentación*, claridad y convicción en el proyecto. Se requiere que las acciones estén respaldadas desde la teoría, que el problema objeto del proyecto sea claro, entendido y compartido por todos los miembros de la comunidad educativa. Muchas veces, el afán en los resultados, maltrata el proceso, y concretamente la etapa de fundamentación. No interesa demorarse todo el tiempo posible en diagnósticos, en indagar sobre las necesidades, en entender el problema y formularlo con claridad.

Las tres condiciones señaladas anteriormente, nos dan una idea de por qué algunos proyectos tienen éxito y por qué otros logran el fracaso. Por ejemplo, suele ocurrir que todos los estudiantes participan de las actividades, las realizan porque sus profesores las dirigen, pero no saben por qué ni para qué. También sucede, a menudo, que algunos profesores y estudiantes tienen claro el problema, están motivados y efectivamente desarrollan actividades encaminadas a la consecución de metas; pero ocurre también que toda la comunidad no está comprometida con el proyecto; por lo tanto, pueden darse otros hechos que vayan en contravía, que neutralicen los logros o que no permitan que perduren a través del tiempo. O puede suceder que toda la comunidad esté comprometida pero no tiene la suficiente fundamentación, si no existe la suficiente claridad, especialmente en la comprensión del problema, el proyecto puede dar resultados, pero muy pobres o muy buenos pero que no se sostienen a través del tiempo. Por ello, conviene recordar que un proyecto de transformación actitudinal, logra sus metas en el tiempo previsto pero, además, genera cultura: un nuevo modo de pensar y de actuar de la comunidad que lo ha desarrollado, modo que se proyecta a través del tiempo.

Proyectos orientados al diseño tecnológico

La tecnología se ha ocupado de cómo hacer las cosas, de cómo facilitar el trabajo. Todas las invenciones tecnológicas han estado orientadas a favorecer el quehacer humano, bien porque se economiza fuerza, tiempo, energía; o porque se optimizan los procesos o los productos. La apropiación, incorporación, transferencia y producción de tecnología es uno de los indicadores que mejor expresa el desarrollo de una sociedad. Por ello, la educación en tecnología ha venido ganando importancia en los últimos años. De acuerdo con Perkins (1995), una de las mejores estrategias para el aprendizaje en este campo, es la metodología del diseño. En el sentido más amplio de la expresión, el *diseño tecnológico* da solución a un problema a través de la elaboración o modificación de un artefacto. La institución educativa y su entorno, constituyen escenarios ricos para el aprendizaje de la tecnología. Existe una gran variedad de aparatos de uso doméstico, educativo y recreativo, que bien pueden ser motivo de análisis con el fin de ser mejorados mediante el diseño. Según Gelvez (1996), la mejor manera de aprender la tecnología es a través de proyectos.

En la institución educativa se tienen varias posibilidades de emprender diseños tecnológicos. Dos de ellos son creación de nuevos artefactos o la modificación de los existentes. Por ejemplo, indagando sobre el uso de los pupitres, se puede concluir que su diseño es una de las causas de posturas corporales defectuosas y del bajo rendimiento académico. En este caso, el problema a solucionar sería: "¿cuáles son las características de los pupitres que inducen a posturas corporales erróneas y qué nuevas

Figura 13:
Los proyectos de cambios de actitud generan transformaciones positivos en los modos de pensar y actuar de los miembros de la comunidad educativa

características se requieren para corregirlas?" A partir de este problema los estudiantes inician diferentes actividades tendientes a descubrir cuáles son las mejores formas y tamaños de los pupitres de acuerdo con la población estudiantil. En este trabajo se requiere el conocimiento de diferentes disciplinas; por lo menos de la anatomía humana, de la estadística, de la física, de la química, de la geometría, del diseño gráfico y de la estética. Pero este trabajo, tiene una objeción muy grande, ¿es posible que los estudiantes, en su papel de aprendices, mejoren diseños que han sido probados por especialistas? Tal objeción es fuerte, pero se puede tratar de varias formas: pueda que los estudiantes no lleguen a mejorar los diseños, pero en su intento, mucho conocimiento les quedará; además, expertos en el tema pueden, en una acción solidaria, apoyar con conocimiento a los estudiantes para mejorar sus diseños.

Figura 14:
Los artefactos, máquinas o aparatos, producto del diseño tecnológico,
facilitan el trabajo

Otra objeción es que sobre planos, los nuevos diseños pueden superar las cualidades de los pupitres reales, pero, tal vez, los estudiantes no cuentan con las destrezas manuales ni con los recursos tecnológicos para realizar, al menos un prototipo que pueda mostrar las nuevas bondades. En este caso, el diseño queda, y tarde o temprano, podrá ser implementado; el diseño por sí mismo, ya es un bien patrimonial. Quizás, las directivas, tomando muy en serio el futuro de los jóvenes y el desarrollo institucional, promuevan un nuevo proyecto para implementar los diseños de los nuevos pupitres y con ellos, reemplazar gradualmente los viejos.

Con los proyectos orientados al diseño de artefactos, no se trata de competir con los grandes desarrollos tecnológicos, pero sí de preparar las mentes y las voluntades para que algún día estén en capacidad de asumir este reto. Si no iniciamos este trabajo en los colegios, probablemente, jamás nuestros estudiantes tendrán la oportunidad de diseñar.

Proyectos de investigación

Los proyectos de investigación siguen la lógica de todos los proyectos, pero sus metas están más relacionadas con la producción y el descubrimiento de nuevo conocimiento. No se trata de acciones tan comunes como coleccionar insectos, montar experimentos, replicar aparatos, etc. La investigación con orientación científica parte de problemas muy propios. Sobre los problemas científicos hay toda una discusión, una de las visiones más aceptadas es que el problema científico surge como una incongruencia o tensión entre los supuestos hechos y los supuestos teóricos. Entre los científicos también se comparte el criterio que para hacer investigación se requiere un buen dominio del campo en el cual se quiere investigar, y esto sólo pueden hacerlo personas con suficiente formación. Por eso la pregunta que surge es ¿puede un grupo de aprendices estudiantes hacer investigación científica? Definitivamente no. Pero esto no niega la posibilidad que en la institución educativa se lleven a cabo procesos análogos. Tal como se analizó el caso de los diseños tecnológicos; el objetivo de los proyectos de investigación, no es generar resultados que compitan con los grandes desarrollos de la ciencia. Es poco probable que, en una institución educativa (salvo del nivel superior), se genere conocimiento científico del mismo nivel que el producido por los más importantes centros de investigación del mundo. Pero sí se puede emular su proceso, y esto es lo que interesa como intención pedagógica.

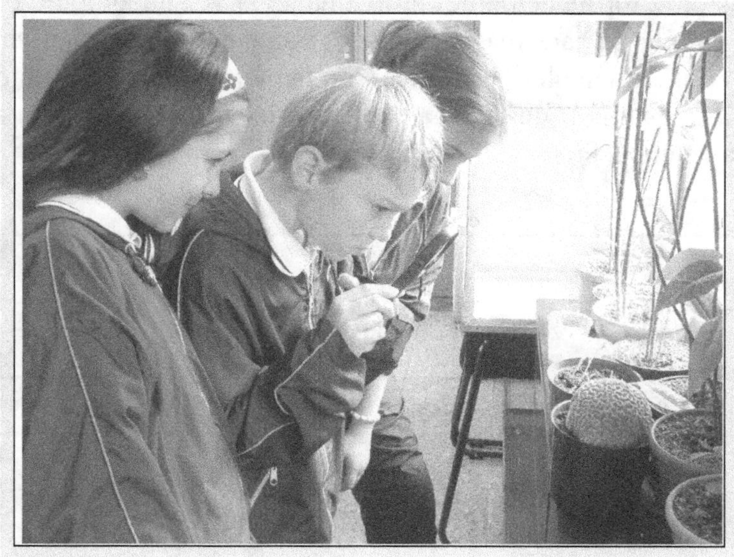

Figura 15:
A través de la investigación se produce conocimiento científico.
En el caso de la investigación, como estrategia pedagógica, el objetivo es aclarar
hechos y teorías y preparar al estudiante en el proceso para que
desarrolle sus competencias como investigador.

En el proceso de adquisición, apropiación o construcción de conceptos, en cualquier campo del conocimiento, se pueden hacer contrastaciones con la realidad. Siguiendo análisis muy cuidadosos, el profesor y sus estudiantes pueden encontrar incoherencias, casos que, en apariencia, contradigan los conceptos u, opiniones que no sirvan para explicar un determinado fenómeno, que se suponía, ya estaba aclarado. Éste sería el momento para iniciar un proceso de investigación.

Aunque no existen directrices metodológicas definitivas, sobre cómo dirigir los procesos de investigación, se pueden reseñar algunas ideas que contribuyen a su mejor manejo. Una de ellas es la de fundamentar de manera suficiente un determinado tema y ojalá desde diferentes fuentes. Una segunda es contrastar de manera permanente hechos con teorías que supuestamente los explica. La tercera es seguir la metodología planteada para el desarrollo de proyectos, ya explicada, permitiendo estudio suficiente y profundo, dedicando todo el tiempo necesario a la comprensión y formulación del problema. Una vez encontrado el problema el camino se hace más fácil, es seguir un conjunto de actividades teóricas y experimentales hasta encontrar la mejor solución posible, que para el caso, es lograr una buena explicación, sustentada en una teoría o sistema de conceptos.

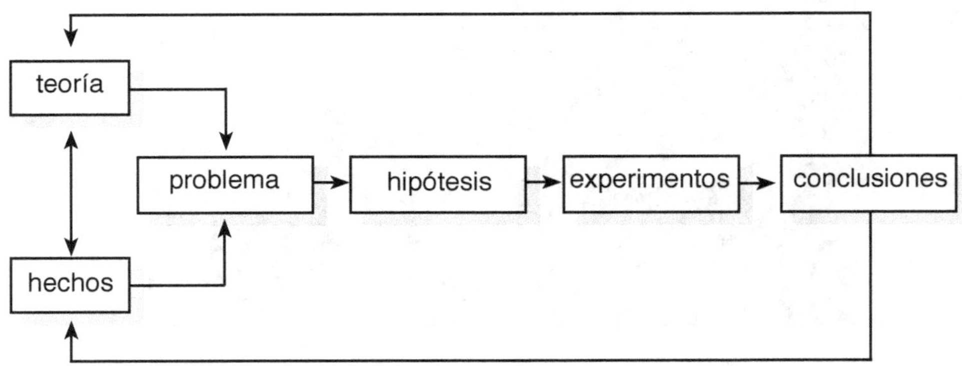

Diagrama 30: Modelo general de un proceso de investigación. Al confrontar hechos con las teorías surgen los problemas. Las hipótesis son soluciones provisionales que mediante la contrastación empírica se validan o no. Las conclusiones reinterpretan la teoría y aclaran los hechos

Como ya se insinuó, tal vez los conocimientos producidos por nuestros estudiantes ya hayan sido descubiertos hace mucho tiempo, pueda que no lleguen a conclusiones con la suficiente validez científica, pero lo que interesa desde el punto de vista pedagógico, es recorrer un proceso lo más cercano posible al seguido por científicos de profesión. Muy seguramente los conocimientos descubiertos por nuestros estudiantes no estén a la altura de los grandes hallazgos científicos, pero si no empezamos desde la institución educativa, probablemente, jamás investigarán.

Un caso típico: Indagando sobre la caída de los árboles

A manera de ejemplo, vamos a preparar una investigación orientada a identificar las causas de la caída de los árboles. Para ello procedemos con la siguiente secuencia de actividades: análisis de hechos, revisión teórica, planteamiento del problema, definición de hipótesis, contrastación empírica, análisis de resultados y conclusiones.

Observación y análisis de hechos

Después de una fase de inducción en la cual se justifica y se anima a los estudiantes a participar en el proyecto, se organizan en grupos y se desplazan hasta el lugar donde se ha caído un árbol. Observan las condiciones del medio circundante: elementos naturales, relación con construcciones y con actividades de los seres humanos. Como producto de esta fase aparece la descripción del hecho y el primer intento explicativo, respondiendo al interrogante: ¿por qué se cayó el árbol?

Revisión teórica

Se revisa información teórica relacionada con la vida de los árboles: estructura, proceso de desarrollo, clases de árboles, distribución geográfica; los suelos: estructura, clases, la erosión; los vientos: concepto, clases, fuerza; estabilidad de los árboles: relación entre el peso y las fuerzas que lo sostienen.

Para abordar esta revisión teórica el profesor puede realizar una exposición general y los estudiantes, por grupos, consultan información complementaria de cada uno de los tópicos.

Planteamiento del problema

Se orienta a los estudiantes para que formulen el problema teniendo en cuenta el hecho concreto de la caída del árbol y los elementos teóricos ya señalados. Dependiendo de las condiciones particulares del hecho, pueden aparecer formulaciones como las siguientes:

*   ¿Qué fuerza originó la caída del árbol?
*   ¿Cuál era el sistema de equilibrio que sostenía al árbol erguido, y en qué momento se rompió dicho equilibrio?

Definición de hipótesis

Las hipótesis son supuestos explicativos del fenómeno. Dependiendo del tipo de árbol, de su edad, de las condiciones del suelo, del espacio disponible para el crecimiento de las raíces, de la frecuencia de vientos en el lugar, y de la intensidad de los mismos, se pueden formular hipótesis como las siguientes:

- Las raíces del árbol no tuvieron espacio suficiente para crecer y el peso del árbol dominó la fuerza que lo sostenía.
- Algunos microorganismos debilitaron las raíces y el peso del árbol se impuso.
- Sopló un viento demasiado fuerte que colapsó el peso del árbol frente a las fuerzas que lo mantenían erguido.
- La raíz principal del árbol había sido cortada cuando el árbol estaba pequeño.

Las anteriores y otras hipótesis similares pueden ser planteadas por los estudiantes.

Contrastación empírica

El objeto de la contrastación empírica es probar o falsear las hipótesis, comprobar que son falsas o verdaderas. Para ello se requiere un análisis cuidadoso del hecho, tomando datos relacionados con la edad del árbol, el peso de su tronco y follaje, la longitud de las raíces, el grosor del suelo, su consistencia, la profundidad que tenían las raíces, la fuerza probable del viento (si éste ocurrió); estos datos se comparan con los datos teóricos de un árbol de la misma especie y de la misma edad, aproximada, que se mantenga erguido.

Análisis de resultados

Se tienen dos conjuntos de datos: los del fenómeno analizado y los datos de un árbol de la misma especie que se mantiene erguido, datos surgidos del estudio teórico. Se comparan de manera paralela, por ejemplo, longitud de las raíces del árbol erguido frente a la longitud de las raíces del caído. En donde se encuentren diferencias significativas se puede establecer asociaciones con la causa de la caída. Si no se hallan diferencias significativas, la caída pudo haber sido causada por un fuerte viento, lo cual se puede comprobar con datos meteorológicos del lugar y momento del suceso.

Conclusiones

Se pueden obtener dos tipos de conclusiones: directas e indirectas. Las directas se refieren a la comprobación o falsación de las hipótesis, concluyendo sobre la causa más probable que ocasionó la caída. Las conclusiones indirectas se refieren a otros conocimientos que se derivan del proceso, por ejemplo, el tipo de árboles que se requiere para plantar en el terreno estudiado evitando o neutralizando las caídas, cuidados con el uso del suelo, precauciones con la utilización de los espacios circundantes, incluyendo las construcciones, entre otras. Se espera que las conclusiones sirvan para aclarar los referentes teóricos y explicar otros fenómenos parecidos que ocurran en el entorno. La ganancia mas grande es el desarrollo de las competencias de los estudiantes como investigadores.

Los anteriores son elementos que intentan orientar lo que sería un proceso de investigación; estos se pueden complementar con la visión propia de cada profesor, y adaptar a las condiciones especiales de la institución y de su entorno. Es necesario resaltar que el proceso requiere trabajo interdisciplinario: en el ejemplo descrito, el proyecto puede integrar conocimientos relacionados con las matemáticas, la tecnología, la biología, la física, la química, la geografía y la cívica.

Estrategias metacognitivas

Recordemos que por razones metodológicas hemos clasificado las estrategias en cognitivas y metacognitivas. Ya hicimos una reseña de las cognitivas, aquellas que favorecen el procesamiento de representaciones mentales, y que se orientan principalmente hacia la comprensión y aplicación de conceptos. Ahora nos disponemos a tratar las metacognitivas; las que apoyan los procesos cognitivos, desde una dimensión especial: la conciencia del propio proceso cognitivo y la autorregulación del mismo. Entre los dos tipos de estrategias existe complementariedad.

La *metacognición* hace parte del conocimiento de sí mismo, es la conciencia que un individuo desarrolla sobre su propio conocimiento, el control que ejerce sobre su proceso cognitivo y la posibilidad de autorregularlo. Se inscribe dentro de la filosofía *aprender a aprender*. No es un hecho observable de la actividad mental, es una inferencia que se obtiene del proceso cognitivo. Stenberg (1994) asegura que la metacognición es una dimensión de la inteligencia, una habilidad crucial para el éxito educativo.

Para Leahey & Harris (1998) la metacognición tiene tres categorías conceptuales: la información autobiográfica de las propias cogniciones, el control de la propia cognición incluyendo los juicios de sensación de saber y, el control de condiciones como el tiempo.

Nelson & Narens (1996) sostienen que el análisis de la metacognición ha surgido de manera simultánea con el estudio de otros tópicos como memoria y toma de decisiones, aprendizaje, motivación y desarrollo cognitivo. Con el fin de explicar la autorregulación del sistema cognitivo plantearon un modelo conformado por dos estructuras: el nivel-objeto y el nivel-meta. El *nivel objeto* está constituido por los sistemas externos al sujeto cognoscente y se configura como una representación de tales sistemas. El *nivel meta* se define como un modelo del nivel objeto; es una representación de la representación, un nivel de mayor abstracción. Entre estos dos niveles existen relaciones en términos de flujos de información denominadas monitoreo y control. El *monitoreo* es un flujo desde el nivel objeto hasta el meta, a través del cual, el nivel meta se entera del estado de las relaciones de los sistemas externos al sujeto. Con base en este flujo, el nivel meta ejerce *control* sobre el nivel objeto, indicando el momento y el rumbo de las acciones a seguir. (Nelson & Narens, 1990:127). En otras palabras, el monitoreo es una especie de vigilancia sobre el proceso con el fin de valorar los estados y tomar las decisiones para reorientarlo y optimizarlo.

De acuerdo con los anteriores autores, la metacognición opera a través de juicios, denominados *juicios de metamemoria*, los cuales se conciben como valoraciones o estimativos sobre las condiciones internas y externas que determinan el aprendizaje. Son asignaciones de valor a un determinado estado, recorrido o por recorrer. Son estimativos que nos dan una idea comparativa entre lo real y lo posible. Estos juicios se efectúan sobre tres aspectos: el ambiente de la tarea, las condiciones internas y el nivel de logro.

Los *juicios sobre el ambiente de la tarea* expresan valoraciones sobre el grado de dificultad o de facilidad para realizar un determinado trabajo, también sobre los medios, los instrumentos y demás recursos disponibles para el aprendizaje. Los *juicios sobre las condiciones internas* expresan asignaciones de valor al interés, la motivación, la seguridad y la satisfacción en un momento dado del proceso. Los *juicios sobre el nivel de logro* asignan un valor al grado de acercamiento al logro de los objetivos en una etapa determinada del proceso.

En la práctica pedagógica, el docente puede orientar a sus estudiantes para que desarrollen su metacognición, implementando tres estrategias: retrospección, reconstrucción y prospección. La *retrospección* se puede efectuar mediante la descripción de los estados cognitivos del pasado junto con la evaluación de los mismos. La *reconstrucción* consiste en un balance o resumen del estado cognitivo actual, es decir, del conocimiento alcanzado, valorando qué se conoce y qué tan bien se conoce. La *prospección* se realiza mediante estimativos de los niveles de conocimiento que se pueden alcanzar en un futuro e incluyen un plan de gestión cognitiva para lograrlos. De esta forma, la metacognición se entendería como un sistema que "administra" los procesos cognitivos, con el fin de optimizarlos, sistema que integra operaciones relacionadas con la planeación, la evaluación y el control.

Esquema 1: Las tres estrategias operan sobre el pasado, el presente y el futuro del proceso cognitivo

Retrospección

Es muy conocida la máxima: "Quien no conoce su historia, está condenado a repetirla". Esta sentencia se refiere principalmente a los pueblos, y expresa la necesidad de conocer el pasado so pena de sufrir de nuevo los errores ya cometidos. Los individuos también tenemos una historia personal. Una dimensión de esa historia está referida al *conocimiento propio*: lo que sabemos, lo que ignoramos, las acciones adelantadas para aprender, lo que nos puede faltar. La retrospección es una *síntesis descriptiva* del proceso cognitivo y una *valoración* del mismo. Es una especie de barrido hacia atrás para traer a la memoria, los principales estados del proceso cognitivo recorrido. Esta retrospección puede concluir en una especie de autoevaluación de la gestión cognitiva realizada hasta ahora.

La práctica de la retrospección se puede efectuar haciendo que el estudiante recuerde qué pensaba en el pasado sobre ciertos fenómenos, cómo lo hacía, en qué creía, qué aspiraba saber, qué le gustaba estudiar, qué le parecía difícil comprender, cómo pudo superar las dificultades, cuáles eran sus necesidades cognitivas, cómo las suplía, qué métodos empleó, qué ha olvidado. La valoración del proceso recorrido se efectúa a través de juicios como los siguientes: ¿Cuáles fueron mis objetivos? ¿De qué manera estudié? ¿Qué tanta dificultad tuve en comprender el problema? ¿Cuánto tiempo empleé solucionándolo? ¿Qué tan motivado estuve durante el proceso? ¿Cuántas veces me sentí insatisfecho? ¿Qué me produjo satisfacción? ¿Qué tanto logré de lo que me propuse?

Reconstrucción

La *reconstrucción* es una síntesis estructural sobre el estado actual del proceso cognitivo; es un balance de lo que se sabe y no se sabe, una especie de fotografía dinámica de nuestro conocimiento en su estado actual, refrescando en la memoria su estructura.

La práctica de la reconstrucción se puede llevar a cabo, induciendo al estudiante para que reflexione a cerca de qué es lo que más sabe, qué dudas tiene, cuáles son sus necesidades cognitivas, qué cosas ignora y desea saber, qué cosas no le interesan. La valoración del estado de conocimiento se puede efectuar a través de juicios como ¿Qué temas se me facilita comprender? ¿Qué dificultades tengo? ¿Qué es lo que más me gusta estudiar? ¿Estoy realmente motivado? ¿Me siento seguro de lo que sé? ¿Qué tanto he logrado comprender de lo que me he propuesto?

Prospección

La *prospección* es una síntesis descriptiva de lo que puede llegar a ser nuestro conocimiento en el futuro. Es una proyección que se hace desde el presente, como una sucesión de estados posibles; una especie de barrido hacia adelante, creando en la memoria, marcas de los estados posibles que pueden llegar a ocurrir a través del proceso cognitivo por recorrer. Esta prospección se puede concretar en un plan personal de gestión cognitiva que incluye fines y medios.

La práctica de la prospección se puede llevar a cabo induciendo al estudiante para que reflexione y exprese qué es lo que más desea y necesita saber, cuáles son sus metas de aprendizaje, cómo las puede lograr; qué medios requiere, para qué le ha de servir el estudio de determinada temática. La valoración se puede efectuar con juicios como ¿Mis objetivos realmente me interesan? ¿Están de acuerdo con mis necesidades? ¿Perseveraré en ellos? ¿Cuánto tiempo emplearé en alcanzarlos? ¿Cómo conseguiré los medios necesarios? ¿Qué dificultades podrán presentarse? ¿Cómo me mantendré motivado?

Estrategia	Descripción	Operación	Juicios
Retrospección	Descripción del proceso recorrido	Evaluación	Ambiente de la tarea
Reconstrucción	Reorganización del conocimiento	Organización	Condiciones internas.
Prospección	Determinación de objetivos y metas	Planeación	Nivel de logro

Tabla 2: Síntesis de las estrategias metacognitivas mediante las cuales se regula el proceso de aprendizaje.

Las estrategias metacognitivas tienen efecto positivo, si son aplicadas por los propios estudiantes, de manera consciente y voluntaria. ¿Qué podemos hacer los docentes al respecto? El profesor puede dirigir la implementación, buscando el momento propicio, explicando el significado del ejercicio y apoyando el proceso, mediante diálogos personales. Puede formular a sus estudiantes preguntas orientadoras, para que ellos tengan una especie de guía y focalicen sus descripciones. Los puede inducir para que lleven un registro de sus propias percepciones. Lo recomendable es que los estudiantes efectúen la mirada retrospectiva de su proceso cognitivo; en forma oral, exponiendo ante uno o más compañeros o consignando por escrito, en su agenda o en un cuaderno especial. Luego, continúen con la reconstrucción del proceso y concluyan con la prospección.

La aplicación de estas estrategias puede realizarse de manera periódica; por ejemplo, cada semana, cada mes o al finalizar cada período académico. Como se trata de revisar procesos largos, en principio, no es necesario hacerlo todos los días. Sin embargo, a medida que se gane confianza en el proceso, se puede practicar de manera cotidiana.

Las estrategias también se pueden aplicar dentro de las experiencias de aprendizaje con el apoyo de preguntas relacionadas con los tres campos sobre los cuales se emiten juicios de metamemoria: ambiente de la tarea, condiciones internas y nivel de logro. Más adelante presentaremos un diseño de experiencia de aprendizaje incluyendo implementación de estrategias metacognitivas.

El objetivo de las estrategias metacognitivas es mejorar los procesos cognitivos. De acuerdo con una investigación realizada, la implementación de estas estrategias, tiene un efecto leve sobre el aprendizaje en corto período de tiempo (Montenegro, 2002). Es posible que su aplicación sistemática a través de largos períodos, genere efectos notorios. De todas formas, a través del tiempo van consolidando una disciplina de autoestudio, por parte de los estudiantes que las practican.

Experiencias de aprendizaje

En las páginas anteriores hemos descrito las estrategias más importantes; las definimos como actividades estructuradas que tienen un patrón definido y que aseguran el aprendizaje. Nos hemos dado cuenta que entre ellas existen relaciones de inclusión y concatenación. Esto nos abre la posibilidad de organizar esquemas operativos que mantengan la motivación y la interacción por períodos de tiempo significativos, que consoliden e incrementen los procesos de aprendizaje.

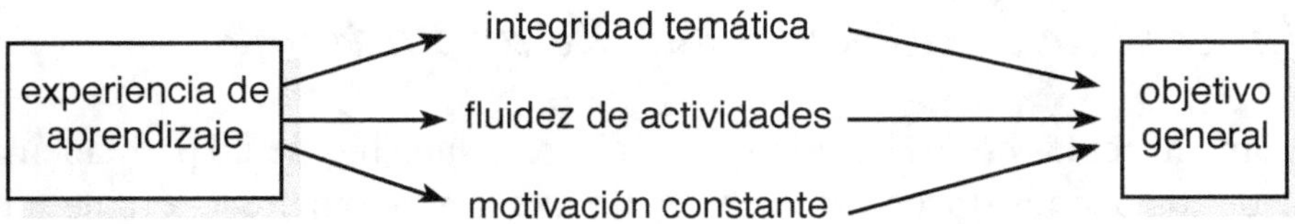

Diagrama 31: Las características de una experiencia de aprendizaje persisten en un mismo objetivo general

Una experiencia de aprendizaje es la puesta en escena de un conjunto de actividades, con integridad temática, de manera tal, que generan un proceso armónico y fluido en el cual ocurren diversos aprendizajes dentro de un mismo objetivo general. La experiencia puede estar compuesta por un conjunto de estrategias, por una sola o parte de ella, dependiendo del tiempo y del grado de desarrollo de los estudiantes. Por ello, la característica central de la experiencia es su fluidez; es decir, la forma como se concatenan las actividades de igual o de diferente patrón, pero que, en todo momento, mantienen la motivación del estudiante sobre un objetivo general o sobre un conjunto de objetivos relacionados entre sí.

El tiempo de duración de la experiencia varía con la edad, el grado de desarrollo del niño y el estado motivacional. Para niños pequeños, las experiencias suelen ser cortas, de apenas varios minutos. A medida que se desarrolla el conocimiento y su soporte principal, la memoria; así mismo, las experiencias pueden ser más largas. Todo el programa de una asignatura se puede desarrollar a través de una gran experiencia, en torno de un proyecto pedagógico. O un mismo proyecto pedagógico puede desarrollarse a través de un sinnúmero de experiencias.

Figura 16:
La competencia para diseñar y llevar a cabo experiencias de aprendizaje será en el futuro, una de las principales características que configuren el perfil del nuevo educador

Proceso de las experiencias de aprendizaje

Cómo hacer las cosas, ha sido y seguirá siendo una inquietud permanente de los buenos docentes. Por sencilla que sea la experiencia tiene un impacto profundo en la formación de los niños y de los jóvenes; por ello hay que considerarla como si se tratara de una obra de gran importancia. Las grandes obras requieren cuidadosos períodos de preparación y de realización. Estas fases, podemos denominarlas como: diseño, desarrollo y evaluación.

Diseño de experiencias

El diseño de la experiencia de aprendizaje prevé los elementos claves que permitan su desarrollo exitoso. Estos elementos pueden ser: competencias, objetivo (s), estructura de contenidos, logros, indicadores, estrategias pedagógicas, secuencias de actividades, evaluación y previsión de recursos. Las *competencias* básicas las hemos definido como patrones generales de comportamiento; lo ideal es que cualquier experiencia de aprendizaje se oriente al desarrollo de una o más de estas competencias, ya expuestas. También se pueden definir competencias específicas en cada una de las áreas; en este caso, la experiencia, además de incidir sobre las competencias generales, también se orienta al desarrollo de las competencias específicas del área, en su conjunto. Los *objetivos* se conciben como estados de conocimiento a los que se desea llegar; una misma experiencia tiene un objetivo general o varios objetivos relacionados entre sí, lo importante es conservar la integridad temática. La *estructura temática* puede ser en torno de un tema general o varios temas relacionados entre sí, de la misma o de diferentes asignaturas. Los *logros* son el cumplimiento total o parcial del objetivo por parte de cada estudiante. Los *indicadores* son signos o manifestaciones de que ha alcanzado los logros; estos indicadores se definen en términos operacionales. Ya hemos señalado que las *estrategias* son actividades estructuradas que conservan un patrón común para asegurar la consecución de logros.

En el proceso de diseño, conviene enunciar las estrategias, las cuales se seleccionan de acuerdo con la naturaleza del o de los objetivos. Una vez definidas las estrategias, se determinan las posibles secuencias de actividades, de tal manera que la experiencia aparezca como un conjunto fluido de acciones. Con el fin de valorar si se cumplen o no los logros se requiere un esquema de evaluación que contemple los tipos, los medios, los procedimientos y los momentos en los cuales se aplica; así mismo, es oportuno precisar actividades complementarias, las cuales pueden ser de superación para los estudiantes que presenten insuficiencias en la obtención de logros y actividades de profundización para aquellos que los alcancen. Ésta se constituye en una fórmula general para atender los ritmos de aprendizaje. El diseño prevé, además, la utilización de los recursos apropiados para cada una de las actividades.

Desarrollo de experiencias

El desarrollo de la experiencia se realiza mediante un proceso cuidadoso que incluye preparación, organización, disposición de recursos y ejecución. La *preparación* incluye el manejo de los referentes teóricos y de sus fuentes. La *organización* de los estudiantes se lleva a cabo de acuerdo con la naturaleza de las actividades, definiendo en qué momentos se realiza trabajo individual y en qué momentos, grupal. En el diseño se previeron los *recursos*, ahora en el desarrollo, se dispone de ellos, en forma real e inmediata.

Como lo vamos a explicar más adelante, las estrategias pedagógicas se pueden combinar de diversas formas. El buen diseño ha previsto varias rutas posibles para el desarrollo de actividades. Llegado el momento de la ejecución, se escoge la mejor secuencia de ellas, dependiendo de las circunstancias y de las condiciones del medio; las cuales pueden ser cambiantes.

Siempre hay preocupación por la evaluación de los aprendizajes y por el momento en que ésta se realiza. En esencia, la evaluación constituye una estrategia más de aprendizaje: no se aprende para evaluar, sino se evalúa para aprender. Algunos profesores planean actividades independientes, otros utilizan las mismas actividades de aprendizaje como momentos de evaluación. Esta última alternativa es mejor porque no se extrae al estudiante del continuo fluido de actividades. Sin embargo, en momentos especiales, se pueden aplicar pruebas y otras actividades entendidas tradicionalmente como de evaluación para brindar escenarios diferentes a los ya trabajados. La selección de las mismas actividades de aprendizaje como actividades de evaluación realmente hace que ésta sea permanente y sistemática, como se predica en teoría. Esto evita que la evaluación sea un momento terminal de la experiencia en donde genera bastante tensión en los estudiantes.

Evaluación de experiencias

La evaluación a la cual nos referimos en esta parte es de la experiencia pedagógica en su conjunto. Es conveniente reflexionar como maestros y analizar con los estudiantes en los diferentes aspectos relacionados con el diseño y con el desarrollo, sobre tópicos como: la claridad de los objetivos, el logro de los mismos, la fluidez en la secuencia de actividades, la participación de los estudiantes y su interacción personal, la suficiencia, disponibilidad y uso de recursos. El manejo flexible ante los cambios repentinos del medio, la actitud y las respuestas ante los imprevistos. La evaluación periódica permite detectar aciertos para mantenerlos y, equívocos para superarlos.

Asimilar la cultura de la planeación, la evaluación y el control es un camino seguro para convertirnos en genuinos diseñadores y realizadores de nuevas y sorprendentes experiencias de aprendizaje.

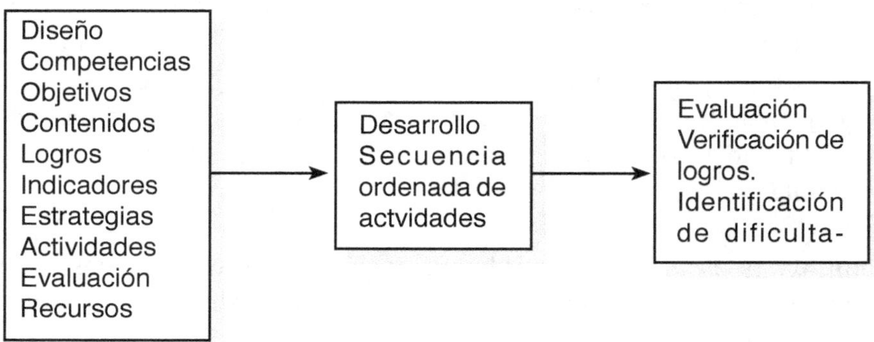

Diagrama 32: La experiencia pedagógica es un proceso que implica planeación, ejecución y evaluación

Llevar a cabo experiencias de aprendizaje con cuidadosos procesos de diseño, desarrollo y evaluación, es la mejor forma de cualificar la profesión docente.

Un ejemplo de experiencia de aprendizaje; máquinas simples: palancas y poleas

Vamos a ilustrar lo que podría ser una experiencia de aprendizaje tomando el esquema de planeación reseñado anteriormente: competencias, objetivos, logros, indicadores, estrategias metodológicas, evaluación y recursos.

Competencias

De acuerdo con la concepción de competencias presentada en la parte introductoria, la experiencia se orienta de manera preferente al desarrollo de las siguientes competencias cognitivas:

- Construir conceptos a través de relaciones empírico – teóricas.
- Diseñar, transferir y utilizar tecnología para mejorar sus condiciones de vida.

En especial enfatiza la comprensión y aplicación de conceptos asociados con palancas y poleas. Sin embargo, por el enfoque y la estructura de actividades, la experiencia, fortalece en forma general, el aprendizaje de todas las competencias básicas: motrices, lingüísticas, cognitivas, afectivas, éticas y estéticas. Es una experiencia centrada en el estudio particular de algunos conceptos de la física pero con una proyección hacia la formación del estudiante como ser integral.

Objetivos

Desde la perspectiva de las ciencias y de las tecnologías, los objetivos se pueden formular así:

- Identificar los principios de las palancas y de las poleas, como máquinas que permiten al hombre, ahorro de fuerzas y de energía; describir y explicar su funcionamiento y hacer buen uso de ellas.
- Valorar las máquinas simples como patrimonio de la humanidad y propiciar su uso con fines convenientes para el bienestar de la sociedad.

Logros e indicadores

De acuerdo con los objetivos, los logros e indicadores de logros serían respectivamente:

Logros	Indicadores de logro
Identificar las máquinas como dispositivos de ahorro de fuerza, diferenciar las simples de las compuestas.	El estudiante diferencia las máquinas de otros objetos. Dado un conjunto de máquinas, las clasifica en simples y compuestas.
Identificar los elementos básicos de las palancas; de acuerdo con su utilización, distinguir los tres géneros de estas máquinas.	Ubica los puntos de apoyo, fuerza de la potencia y fuerza de la resistencia en objetos como tijeras, tenazas, carretillas, barras, pinzas, martillos, etc. Clasifica las palancas en primero, segundo o tercer género, dependiendo de la relación que guardan la ubicación de sus elementos básicos. Resuelve ejercicios relacionados con la ley de equilibrio de las palancas.
Describir hechos en los que se utilizan palancas y explicar su funcionamiento.	Dada una situación concreta de uso de palancas como: destornillar, cortar una tela, clavar una puntilla, extraer un diente, mover una piedra con una barra, transportar objetos en una carretilla, etc., el estudiante describe los hechos y explica el funcionamiento de la palanca, la relación entre trabajo suministrado y trabajo ejecutado.
Identificar los elementos básicos de las poleas.	Identifica el punto de apoyo, la fuerza de la potencia y la fuerza de la resistencia en una polea y establece similitudes y diferencias con las palancas.
Describir hechos en los que se utilizan poleas y explicar su funcionamiento.	El estudiante acciona poleas, describe el trabajo realizado y explica el mecanismo que permite el ahorro de fuerza. Describe y explica el funcionamiento de los aparejos y su aplicación para facilitar el trabajo humano.

Valorar las máquinas simples como dispositivos independientes o como componentes de máquinas compuestas.	Valora positivamente la existencia de las máquinas simples y propone una serie de precauciones para conservar la integridad personal cuando se usan. Analiza situaciones sociales en las cuales las máquinas se usan en beneficio o perjuicio de la humanidad, identifica problemas sociales y culturales relacionados con estos usos y propone soluciones acordes a dichos problemas.

Tabla 3. Cada logro se verifica a través de un conjunto de indicadores.

Nota*: Estos logros e indicadores pueden ser demasiado específicos frente a los que pueda establecer un profesor de física para alguno de sus cursos. Los definimos de esta manera, como ejercicio, para abordar la experiencia de manera detallada.*

Estrategias, actividades, recursos y evaluación

Estrategias	Actividades	Evaluación	Recursos
Observación y análisis de hechos	Organización de los estudiantes en grupos. Cada grupo visita un lugar donde se usen palancas y poleas (construcciones, fábricas, etc.) Observación focalizada del uso de palancas y poleas. Reconstrucción verbal de lo observado.	Descripción de lo observado a través de texto y dibujo. Diferenciación de palancas y poleas entre otras máquinas.	Edificaciones o vías en construcción
Exposición	El profesor expone el tema de máquinas simples: palancas y poleas.	Diálogo para opinar y aclarar dudas.	Simuladores, papelógrafo, videos
Experimentación	Los estudiantes accionan palancas y poleas. Elaboran modelos físicos de ellas variando la lon-	Sobre los modelos, explicación de los concep-	Tubos de madera, metal,

Estrate-gias	Actividades	Evaluación	Recursos
	gitud de los brazos, aplicando en cada una de ellas diferentes fuerzas de potencia y de resistencia.	tos inherentes, incluyendo la ley del equilibrio.	ruedas, cuerdas, etc.
Representación de conocimiento	Los estudiantes representan los conceptos utilizando texto, diagramas y cuadros.	Explicación del funcionamiento de palancas y poleas. Generalizaciones.	Cuadernos, cartulinas, lápices, etc.
Lectura	Los estudiantes leen un texto relativo al tema. Comprensión a partir de las preguntas orientadoras.	Aciertos de las respuestas a las preguntas de comprensión.	Texto: Libro, artículo o revista.
Desarrollo de ejercicios	Resolver una batería de ejercicios representativos de los conceptos.	Proceso de solución y respuesta.	Libro u hoja de ejercicios
Planteamiento y solución de problemas	Observación de hechos parecidos a los de la primera actividad. Identificación de inconsistencias con la teoría. Planteamiento de uno o dos problemas por grupo. Rotación de los problemas entre grupos. Valoración del planteamiento de los problemas y estudio de las soluciones.	Valoración de la consistencia de los problemas y de las soluciones propuestas.	Cuadernos, esferos, elementos de dibujo, etc.
Representación de conocimiento	Elaboración de un ensayo en el cual se relacionen los conceptos científicos, los desarrollos tecnológicos y los usos sociales de las palancas, poleas y máquinas en general.	Valoración de los conceptos asociados a los aspectos físicos, tecnológicos, y sociales.	Cuadernos

Tabla 4: Cada estrategia se desarrolla a través de un conjunto de actividades, en las cuales se destacan los aspectos a evaluar.
Nótese que la experiencia presenta un enfoque interdisciplinario.

Estrategias metacognitivas

Durante el desarrollo de la experiencia se pueden realizar algunos eventos de aplicación de estrategias metacognitivas. En el siguiente cuadro se ilustra el momento, el tipo de actividad y las preguntas orientadoras.

Momento	Estrategia metacognitiva	Actividad	Preguntas orientadoras
Después de la observación y análisis de hechos	Retrospección Reconstrucción	Conversatorio en grupos	¿Cómo aprendió cada uno a diferenciar las máquinas de otros aparatos? ¿Cuáles fueron las primeras experiencias con el uso de palancas o poleas? ¿Qué sabe cada uno sobre palancas y poleas?
Antes de resolver los ejercicios	Prospección	Cada estudiante lee los ejercicios y antes de resolverlos, responde las preguntas	De acuerdo con mis conocimientos, ¿cuáles ejercicios podré resolver en forma correcta? ¿Cuánto tiempo emplearé?
Al finalizar la experiencia	Retrospección Retrospección y reconstrucción Prospección	Trabajo en grupos Trabajo individual Trabajo individual	En términos de aprendizaje, ¿para qué nos sirvió cada una de las actividades? ¿Qué pensaba antes sobre las poleas y las palancas y qué pienso ahora? ¿Qué otras cosas deseo saber sobre las máquinas? ¿Qué proceso puedo seguir para adquirir los nuevos conocimientos?

Tabla 5: Las estrategias metacognitivas se intercalan dentro de las cognitivas; se llevan a cabo mediante preguntas para responder de manera individual o colectiva.

Estrategias metodológicas y experiencias de aprendizaje

Para abordar la forma como se relacionan las estrategias metodológicas con las experiencias de aprendizaje, realizamos un análisis de las relaciones, que a su vez, existen al interior de las estrategias. Aunque todas las estrategias cognitivas son importantes, algunas de ellas revisten mayor poder dentro de los procesos de comprensión y aplicación conceptual; por ejemplo, la lectura y representación de conocimiento, son necesarias en toda experiencia de aprendizaje. Así mismo, la exposición por parte del profesor, cuyas explicaciones son necesarias para presentar una visión general de los temas o problemas, orientar el proceso y aclarar dudas.

Relaciones entre estrategias metodológicas

Entre las estrategias cognitivas se presentan dos tipos de relaciones de inclusión y de concatenación. Algunas estrategias se pueden incorporar dentro de otras; entre todas ellas se pueden establecer una gran cantidad de secuencias posibles.

Relaciones de inclusión

Clase		Estrategia
Cognitivas	Orientadas a la compresíón	1. Observación y análisis de hechos 2. Diseño y desarrollo de experimentos 3. Representación de conocimiento 4. Lectura 5. Exposiciones 6. Juegos didácticos 7. Juegos de roles
	Orientadas a la aplicación	8. Desarrollo de ejercicios 9. Estudio de casos 10. Planteamiento y solución de problemas 11. Diseño y desarrollo de proyectos
Metacognitivas		A. Retrospección B. Reconstrucción C. Prospección

Tabla 6: Clasificación general de las estrategias metodológicas

Las tres estrategias citadas anteriormente (lectura, exposición y representación) pueden hacer parte de otras estrategias como la observación y análisis de hechos, la experimentación, el planteamiento y solución de problemas, entre otras. El diseño y desarrollo de proyectos, a su vez, puede incluir las demás estrategias. Este tipo de relaciones son muy importantes para el diseño de las experiencias. Por ello, vamos a presentar una tabla resumen de las estrategias para luego presentar las relaciones posibles.

Las relaciones de inclusión son múltiples; es decir, la posibilidad de que una estrategia en particular pueda ser incluida dentro de otra. En la siguiente matriz se relacionan las principales inclusiones.

Estrategias	1	2	3	4	5	6	7	8	9	10	11	12	A	B
1. Observación		X			X		X		X	X	X			
2. Experimentación	X				X		X		X		X			
3. Representación	X	X		X	X	X	X	X	X	X	X	X	X	X
4. Lectura	X	X	X		X	X	X	X	X	X	X	X	X	X
5. Exposiciones	X	X		X		X	X	X	X	X	X			
6. Juegos					X		X			X	X			
7. Roles					X				X	X	X			
8. Ejercicios	X			X	X	X				X	X	X	X	X
9. Casos	X			X	X	X				X	X			
10.Problemas	X	X	X	X	X	X	X				X	X	X	X
11. Proyectos														
A. Retrospección	X	X	X	X	X	X	X	X	X	X	X		X	X
B. Reconstrucción	X	X	X	X	X	X	X	X	X	X	X	X		X
C. Prospección	X	X	X	X	X	X	X	X	X	X	X	X	X	

Matriz 1: Relaciones de inclusión entre las estrategias metodológicas. La relación está definida como $y \subset x$ (y está cntenida en x). Por ejemplo, se pueden realizar observaciones dentro de experimentos, dentro de exposiciones, entre otras

Como puede observarse, los proyectos pueden incluir a las demás estrategias, pero éstos no pueden incluirse dentro de aquellas, porque son los de mayor nivel de estructuración. También puede notarse que la cantidad de inclusiones es bastante alta, lo cual nos permite diversificar nuestra relación pedagógica con los estudiantes.

Para una mayor ilustración, se presenta a continuación un diagrama en donde se muestran algunas de las relaciones de inclusión ya definidas.

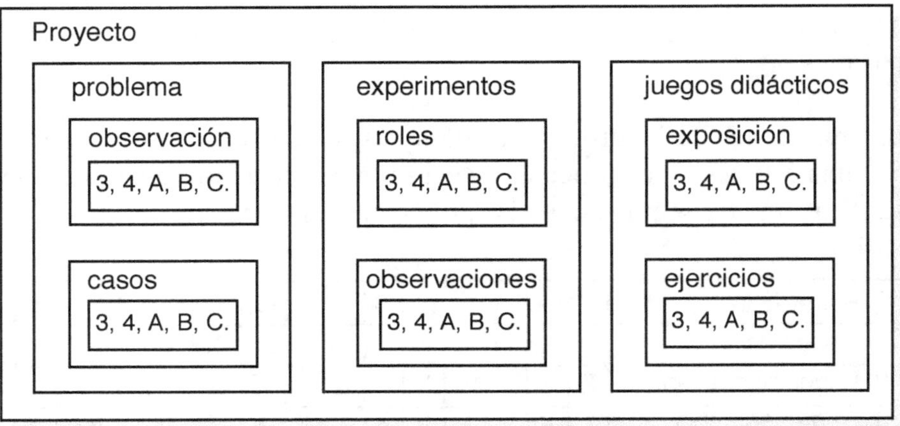

Diagrama 33: Algunas relaciones de inclusión entre estrategias metodológicas. Por ejemplo, la lectura y la representación de conocimiento pueden estar incluidas dentro del estudio de casos, éstos, a su vez, dentro del problema y éste dentro de un proyecto

Relaciones de concatenación

También existen relaciones de concatenación; esto es, la forma como se organizan secuencias de estrategias dentro de una misma experiencia de aprendizaje. En el ejemplo presentado, se ve claramente la articulación entre unas y otras.

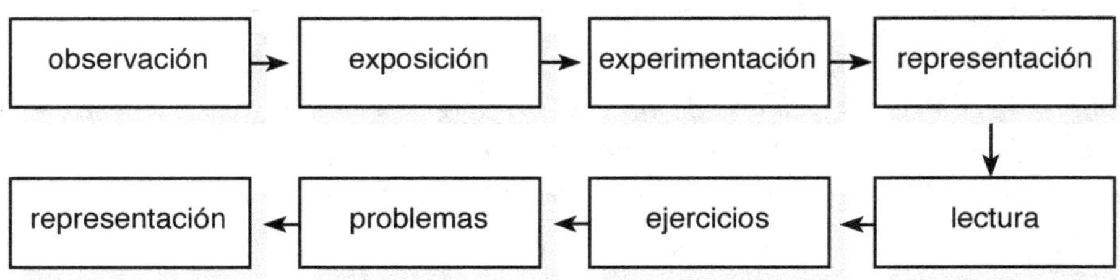

Diagrama 34: Secuencia de estrategias metodológicas usadas en el ejemplo de experiencia sobre máquinas simples

A continuación se presenta un diagrama más amplio en el cual se pueden configurar diferentes rutas de secuencias entre las estrategias:

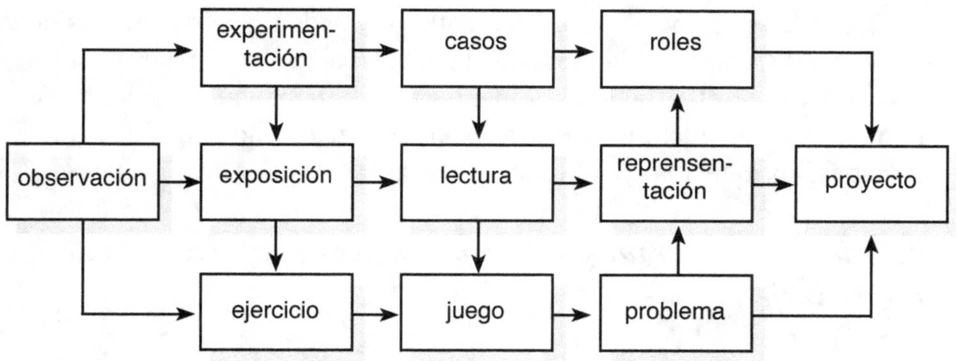

Diagrama 35: Algunas de las rutas que se pueden trazar organizando secuencias de estrategias metodológicas

El anterior diagrama muestra algunas de las secuencias de estrategias que se pueden seguir dentro de una misma experiencia, aunque las posibilidades combinatorias son mucho mayores. En el siguiente grafo se muestra cómo desde una misma experiencia se puede ir a cualquiera de las otras.

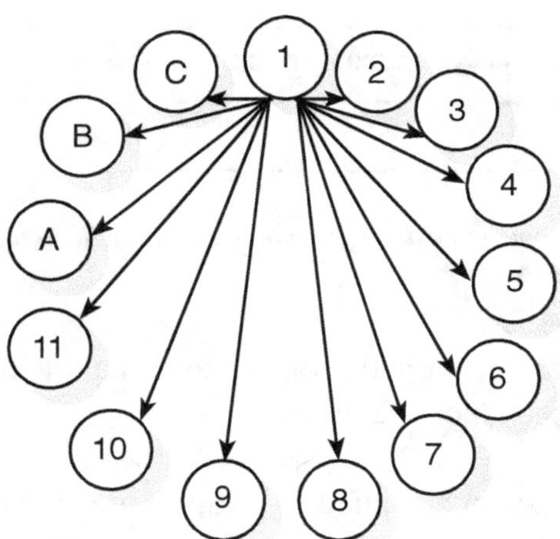

Grafo 2:
Desde la primera estrategia, observación y análisis de hechos, se puede ir a cualquiera otra, bien sea cognitiva o metacognitiva

El anterior grafo nos da una idea de la forma como se pueden concatenar las estrategias metodológicas: Así como desde la estrategia 1 se puede ir a cualquiera de las otras; esto mismo puede hacerse desde la estrategia 2, desde la 3... y así sucesivamente. Se pueden generar cientos de secuencias diferentes. El objeto de la concatenación es brindar diversas posibilidades al estudiante para mantener e incrementar los niveles de motivación haciendo que la experiencia aparezca como un fluido de actividades, enriquecidas por la variedad y animadas por la expectativa.

Relaciones entre estrategias metodológicas y experiencias de aprendizaje

Entre estrategias y experiencias existen relaciones de inclusión en doble sentido. Una experiencia se puede configurar como un conjunto de estrategias, tal como se ha presentado en el ejemplo sobre máquinas simples. También ocurre lo contrario: una estrategia puede contener diferentes experiencias de aprendizaje; esto sucede con los proyectos, los cuales pueden durar un tiempo significativamente largo en el cual se presentan una determinada secuencia de experiencias.

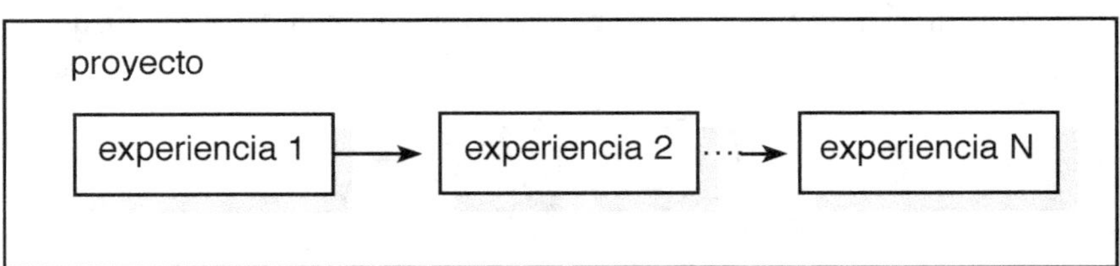

Diagrama 36: Una misma estrategia puede contener diversas experiencias

En síntesis una experiencia puede corresponder a parte de una estrategia, a una sola o a una secuencia de ellas.

El tiempo de la experiencia puede variar desde unos pocos minutos hasta varios meses. En niños de preescolar, generalmente, son cortas. A medida que crecen y avanzan por los grados, las experiencias van siendo más duraderas. Sin embargo, éstas son tendencias, lo interesante sería presentar a lo largo de la vida escolar experiencias de diferente tiempo de duración.

Conclusiones

El sentido de introducir las categorías *estrategias metodológicas* y *experiencias de aprendizaje*, es ofrecer a los docentes una propuesta estructural de la manera como se organiza el trabajo pedagógico. La idea es llevarlo a cabo en forma sistemática, orientado al desarrollo y aprendizaje de las competencias que los estudiantes requieren para tener éxito, en su vida estudiantil y en los demás campos en los cuales se desempeñan.

Tanto las experiencias como las estrategias son conjunto de actividades que se desarrollan en forma fluida. La diferencia es que las estrategias siguen un patrón definido a manera de proformas que las diferencian entre sí. Ambas, sin embargo, se constituyen como un conjunto de actividades fluidas; es decir, aquellas que se desarrollan en forma natural sin tránsitos bruscos o traumáticos entre unas y otras. La fluidez tiene por objeto mantener la motivación del estudiante. Lo que caracteriza a una experiencia es que se orienta a la consecución de un objetivo general o a un conjunto de objetivos relacionados con una misma temática. Entre tanto, una estrategia puede cumplir parte de un objetivo general o un objetivo específico; en este caso, la estrategia junto con otras constituyen una experiencia de aprendizaje. La estrategia también puede cumplir un objetivo general o un conjunto de objetivos relacionados entre sí; en este caso, la estrategia equivale a una experiencia de aprendizaje. En un ámbito más amplio, una misma estrategia puede cumplir con varios objetivos generales, de diferente naturaleza; en este caso, la estrategia equivale a varias experiencias, tantas, cuantos objetivos generales cumplan.

Se ha realizado un esfuerzo teórico para relacionar experiencias con estrategias; clasificar éstas últimas en cognitivas y metacognitivas; tipificar las cognitivas orientadas a la comprensión y orientadas a la aplicación y; a su vez, organizar cada estrategia como una sucesión de etapas. Tal estructuración puede dar la sensación de una especie de complicación del trabajo pedagógico. Esto no es lo que se busca, la idea es ofrecer una serie de posibilidades para organizar de manera sistemática las diversas actividades de aprendizaje. Por ello, es importante flexibilizar; tomar sólo aquellos elementos estructurales que se consideren válidos para un momento específico o para un proceso determinado. Lo real es que se requieren estructuras para poder ser flexibles; sin estructuras de acción, es muy difícil otorgar sentido y orientación al trabajo pedagógico.

Experiencias de aprendizaje y estrategias metodológicas son hipótesis de trabajo para organizar de manera sistemática el quehacer de los docentes, en su empeño por forjarse como profesionales competentes, que a su vez, contribuyen de manera significativa en la formación de personas competentes.

Ejercicios de aplicación y profundización

Como lo hemos explicado en este mismo capítulo, el desarrollo de ejercicios es una estrategia metodológica de orden cognitivo, orientada de manera prioritaria a la aplicación de conceptos. A continuación planteamos los siguientes ejercicios con el fin de continuar aportando a la comprensión y especialmente a la aplicación del aprendizaje y desarrollo de las competencias. Algunos están orientados a la reflexión y profundización, otros, a la aplicación de los conceptos expuestos. De todos, puede resolver aquellos que considere de mayor interés y pertinencia.

1. Las estrategias metodológicas se han planteado como un conjunto de actividades que conservan el mismo patrón y, que están orientadas a asegurar el aprendizaje. ¿Comparte este concepto? Justifique su respuesta.

2. ¿Comparte el criterio de clasificación de estrategias en cognitivas y metacognitivas? Si está de acuerdo, ¿qué ventajas ofrece esta clasificación? De lo contrario, ¿cuáles serían sus objeciones y su propuesta de clasificación?

3. Asumiendo el concepto de estrategia planteado y teniendo en cuenta las estrategias metodológicas expuestas en este capítulo, ¿qué otras estrategias pueden existir?

4. Si Usted fuera profesor de Biología del grado Sexto, ¿cómo organizaría a los estudiantes para realizar observaciones microscópicas? ¿Cuál sería la secuencia de acciones para lograr en ellos la mayor comprensión posible?

5. Con niños de Cuarto grado, ¿cómo llevaría a cabo un proceso de experimentación para comprobar que la constante Π equivale aproximadamente a 3,1416?

6.   Represente mediante un diagrama el proceso seguido en el punto anterior.

7.   El conocimiento es representación de la realidad, pero para expresarlo hay que volverlo a representar, lo cual se hace a través de medios. Hemos definido representaciones centradas en la imagen, en el texto y combinadas. ¿Qué otras formas de representación con fines pedagógicos pueden existir?

8.   En este capítulo se ha explicado, de manera general, el proceso de lectura. Analice las fortalezas y debilidades del anterior proceso y con base en éste, diseñe un modelo diferente, que ojalá mejore la motivación por la lectura y su comprensión. Represente el nuevo modelo en un diagrama o en un grafo.

9.   Supongamos que Usted es profesor de un curso de Décimo grado en el cual hay 40 estudiantes. Desea que cada uno de ellos realice, una exposición en el transcurso del año lectivo. ¿Qué modelo organizativo sugiere y qué proceso seguiría para que cada uno de ellos realice una buena exposición, de tal manera que Usted y los demás estudiantes queden satisfechos y no existan niveles de tensión? ¿Qué temáticas y objetivos de su área de trabajo les sugeriría? ¿Cómo los distribuiría?

10.   Diseñe un juego para que los estudiantes comprendan las normas académicas que tiene la institución educativa en la cual Usted estudia o trabaja.

11.   Una señora que padece una grave enfermedad, va a dar a luz y, está en manos del médico. Las condiciones son tan críticas que se salva la madre o se salva el hijo. Cómo lleva a cabo un juego de roles para ilustrar las dos posibilidades que constituyen la disyuntiva del galeno.

12.   Supongamos que Usted es profesor de un curso del grado Sexto. Se propone que en su área de trabajo, los estudiantes aprendan a plantear ejercicios. ¿Qué modelo metodológico y organizativo

seguiría? ¿En cuánto tiempo, estima que ellos logren plantear ejercicios tan buenos como los que Usted puede formular?

13. En el centro educativo C los profesores de Ciencias han dado buena información a sus estudiantes sobre el funcionamiento del sistema reproductor y de las enfermedades que puede sufrir. A pesar de ello, subsisten altos niveles de irrespeto entre niñas y niños; además, los embarazos son frecuentes. De acuerdo con la teoría, ¿cuál es la necesidad y cuál el problema?

14. Diseñe un proyecto para llevar a cabo la solución al problema planteado en el punto anterior. Tenga en cuenta problema, metas, cronograma de actividades (actividad, duración, logro, indicador, recursos, responsable).

15. En el transcurso del capítulo hemos desarrollado la idea de las estrategias metacognitivas como aquellas orientadas a que el estudiante adquiera conciencia y autocontrol de su proceso cognitivo. ¿Considera viables y útiles las estrategias denominadas retrospección, reconstrucción y prospección? ¿Por qué? ¿Qué otras estrategias metacognitivas podrían implementarse?

16. Entre las estrategias cognitivas y metacognitivas planteadas, ¿cuáles pueden ser utilizadas con mayor impacto en su área o campo de trabajo como educador? Elabore una tabla de clasificación, en orden de importancia. ¿Existe alguna de ellas que no se pueda utilizar? ¿Por qué?

17. Se ha planteado la idea de la experiencia de aprendizaje como un conjunto de actividades fluidas que mantienen la motivación y se orientan hacia el logro de un objetivo general o un conjunto de objetivos relacionados con la misma temática. ¿Comparte esta visión? Argumente su respuesta.

18. Seleccione un objetivo general de su área de trabajo para un grado determinado. Diseñe una experiencia de aprendizaje con, al menos, tres estrategias metodológicas diferentes y dos secuencias

distintas. Elabore sendos diagramas o grafos para representar las dos secuencias viables. Las dos secuencias pueden tener las mismas o diferentes estrategias metodológicas. Teniendo en cuenta las características de los estudiantes del grado elegido y las dos secuencias de estrategias, ¿cuál de ellas elegiría para llevar a cabo la experiencia? ¿por qué?

19. Al finalizar el capítulo se propuso un ejemplo de experiencia de aprendizaje (máquinas simples). Analice cuidadosamente la secuencia de estrategias y actividades. Si se aplicara a estudiantes del grado Décimo, ¿qué variantes introduciría para mejorar este diseño? Si se aplicara a estudiantes del grado Cuarto, ¿qué modificaciones introduciría? Si se quisiera introducir un juego didáctico o un juego de roles, ¿en qué momentos lo haría y cómo?

20. Elija un objetivo general de su área o campo de trabajo. Diseñe una experiencia de aprendizaje que sólo tenga una estrategia metodológica. Elabore la respectiva representación.

21. ¿Comparte las similitudes y diferencias que se establecen entre experiencias de aprendizaje y estrategias metodológicas?

22. En su práctica pedagógica cotidiana, ¿cómo flexibilizaría el uso de estrategias metodológicas y experiencias de aprendizaje? ¿Qué elementos le parecen positivos? ¿Cuáles dejaría de lado?

Bibliografía

Acosta, P. (2003). *Ambientes pedagógicos: planta física.* Documento en circulación. Secretaría de Educación de Bogotá, D.C. Colombia. 2003.

Areiza, R.L & Henao, L.M. (2003). *Metacognición y estrategias lectoras.* En Ciencias Humanas. Revista No. 19. htpp://www.utp.edu.co/~chumanas/revistas/revistas/rev19/areiza.html.

Blythe, T. & Associates (1998). *The teaching for undertanding guide.* San Francisco. C.A: Josey-Bass.

Cairney, T.H. (1996). *Enseñanza de la comprensión lectora.* Ministerio de Educación y Ciencia. Ediciones Morata. Madrid. Segunda Edición. htpp://www.metabase.net./docs/upn/10415.html

Flament, C. *Teorías de grafos y estructuras de grupo.* México. Editorial Estructura y Función. 30 páginas. Título original: *Applications of graph theory to group structure.* Publicada en inglés por Prentice Hall, Inc. Englewood Cliffs, New Jersey, U.S.A. Traducida por Julián Sánchez Cuenca. Editorial Tecnos S.A. 46 páginas. 1972.

Gagné, H.D. (1992) *The cognitive psichology of School Learning*. Litle, Brown and Company. Boston. USA.

Gagné, R.M. (1989) *50 years of research. Domains of learning*. Learning Systems Institute. Florida State University. Tallahassee, Florida. USA, 485 – 495.

Gelvez, B.A.& otros. *Educación en Tecnología. Propuesta para la educación básica*. Bogotá: Publicación del Ministerio de Educación Nacional de Colombia. Serie Documentos de trabajo. (1996).

Kail, R & Bisanzs, J. (1982). *Information processing and cognitive development*. In H.W. Reese. (Ed), Advances in child behavior and development. New York. Academic Press.

Kandel, E.& otros. (1997). *Neurociencia y Conducta*. Prentice Hall. Madrid. España. Traducida del inglés por Pilar Herrera de Tejada y otros. Título original: Essentiales of Neural Science and Behavior Apleton.& Lange.

Kimbal, J.W. (1986). *Biología*. Addison Wesley Iberoamericana. Bogotá. Versión Española de Luis Eduardo Mora Osejo. Cuarta Edición. 384 –390.

Köhler, W. (1.972). *Psicología de la Forma*. Editorial Nueva. Madrid. Traducido por José Germain y Federico Soto.

Kuper, B. (1994). *Qualitative Reasoning. Modeling and simulation with incomplete knowledge*. MIT.

Leahey, T.H. & Harris, R.J. (1998). *Aprendizaje y Cognición*. Madrid: Prentice Hall International. Título original en inglés: Learning and Cognition.

León, T. & otros (1998). *Lineamientos curriculares Preescolar*. Bogotá: Publicación del Ministerio de Educación Nacional de Colombia.

Maldonado, L.F. *(1997)*. *Gestión de Proyectos Educativos.* Universidad Pedagógica Nacional. Bogotá.

Montenegro, I.A. (2002). Preguntas cognitivas y metacognitivas en el proceso de aprendizaje. En: Tecné, Exísteme y Didaxis No. 11, 51-62. Universidad Pedagógica Nacional. Bogotá. Colombia.

Nelson, T.O & Narens, L. (1990). *Metamemory: A theroretical framework and new fidings.* In Metcalfe, J & Shimamura., A.P. (Eds). Metacognition. Cambridge, MA.The MIT Pres. 1-15.

Novak, J.D. & Gowin, B. (1.988). *Aprendiendo a Aprender.* Ediciones Martínez Roca S.A. Barcelona. Título original: *Learning how to lern.* 1984.

Palacios, J. (1997). *La educación en el siglo XX (1). La tradición renovadora.* Editorial Laboratorio Educativo. Segunda Edición. Caracas.

Papert, S. (1981). *Desafío a la mente. Computadoras y educación.* Ediciones Galápagos. Buenos Aires.

Perkins, D. (1985). *Conocimiento como diseño.* Pontificia Universidad Javeriana. Bogotá. Título original: *Knowledge as design.*

Perkins, D.& otros (1995). *Inside Understandig.* In D. Perkins, J.L. Schwartz, M. West. & M.S. Wiske (Eds.).

Piaget, J. (1970). *Genetic Epistemology.* New York: Norton.

Polya, G. (1987). *Cómo plantear y resolver problemas.* Trillas. México. 14 reimpresión. Título original: How to solve it. Princenton University. Press. USA.

Presidencia de la República de Colombia. (1.994) *Decreto 1860 de 1.994.* Bogotá.

Riesbeck, C. (1993). *What next? The future of case based reasoning in post-modern AI. En: Case based reasoning.* Editado por David B. Leakes. American Association for Artificial Intelligence. Menlo, Park.

Rocha, A. & otros. (2000). *Nuevo examen de estado. Cambios para el siglo XXI. Propuesta General.* Publicación del Instituto Colombiano para el Fomento de la Educación Superior. Bogotá.

Russell, S. & Norving, P. (1.996) *Inteligencia Artificial. Un Enfoque Moderno.* Prentice Hall. Madrid. Traducido del inglés: Artificial Intelligence a modern approach.

Skinner, B.F. (1974). *About behaviorism.* New York:Knopf.

Stenberg, R.J. (1.994). *Toward Triarchic Theory of Human Intelligence.* The Brain an Behavioral Sciences.

Sowa, J. (1984). *Conceptual Structures: Information processing of mind and machine.* Reading. Massachusetts. Adison – Wesley Publishing Company.

Tishma, C & Perkins, D. & Jay, E. (1994). *Aprender y enseñar en una cultura del pensamiento.* AIQUE. Buenos Aires Argentina. Título original: *The Thinking classroom. Learning and teachin in a culture of the Thinking.* Traducido por Miguel Wall. Allyn and Bacon.

Thorndike, R.L.; Hagen, E. (1991). *Medición y evaluación. Psicología y Educación.* Trillas. México.

Vosniadou, S. & Brewer, W.F. (1987). *Theories of knowledge restructuring in development.* Review in Educational Research, 51-67.

Werner, H. (1978). *Developmental processes* In S. S. Barten & M. R. Franklin, (Vol. Eds.). Developmental Processes (2 vols.). New York. International Universities Press.

El Autor

Ignacio Abdón Montenegro Aldana

Docente e investigador. Doctor en Educación de la Universidad Pedagógica Nacional. Magister en Tecnologías de la información aplicadas a la educación, Universidad Pedagógica Nacional. Licenciado en Ciencias de la Educación con especialidad en Química, Universidad Pedagógica Nacional. Supervisor de Educación de Bogotá, D.C. Colombia.

Autor de los siguientes libros: *Evaluaemos competencias en Ciencias Naturales* (3 títulos), *Evaluaemos competencias en Matemáticas* (3 títulos), *Conozcamos y practiquemos la Constitución Nacional, Civismo urbanidad y valores humanos, Autoevaluación docente (coautor)*.

DESERCIÓN Y RETENCIÓN ESCOLAR
Cecilia Rincón

DIEZ ESTUDIOS SOBRE INTELIGENCIA Y
EXCEPCIONALIDAD
Julián de Zubiría

DOCUMENTOS EMPRESARIALES.
Cómo elaborarlos.
Héctor Pérez Grajales

ECOLOGÍA Y DESARROLLO HUMANO
Un enfoque pedagógico ambiental
José Gildardo Ríos Duque

EDUCACIÓN EN TECNOLOGÍA
Un reto y una exigencia social
Ángel Alonso Soto S.

EDUCACIÓN PREESCOLAR
Historia, legislación, currículo
y realidad socioeconómica
Hugo Cerda Gutiérrez

EL APRENDIZAJE DE LA PAZ
Métodos y técnicas para su construcción
desde procesos pedagógicos
Álvaro Rendón Merino

EL CANTO Y SUS "SECRETOS"
Ramón Calzadilla Núñez

EL JUEGO. PROCESOS DE DESARROLLO Y
SOCIALIZACIÓN
Contribución de la Psicología
Rosa Mercedes Reyes N.

EL MAESTRO PROTAGONISTA DEL
CAMBIO EDUCATIVO
Antonio Luis Cárdenas Colmenter, Abel
Rodríguez, Rosa María Torres

El MANUAL DEL DOCENTE
Estrategias e ideas creativas que le
facilitarán la labor educativa.
Ana Isabel Echeverri

EL MANUAL DE CONVIVENCIA
Elementos para su elaboración
Francisco Valencia

EL TALLER EDUCATIVO
Qué es, fundamentos,
cómo organizarlo y dirigirlo,
cómo evaluarlo.
Arnobio Maya Betancourt

ESTÁNDARES DE CALIDAD PARA
PRUEBAS OBJETIVAS
Agustín Tristán López
Rafael Vidal Uribe

ESTÁNDARES EDUCATIVOS,
EVALUACIÓN Y CALIDAD DE LA
EDUCACIÓN
–Compilación–

FAMILIA Y VALORES
—MÓDULO 1—
Escuela de padres
Construyendo lo nuestro
Mariela del C. Suárez Higuera o.p.

FAMILIA Y VALORES
—MÓDULO 2—
Escuela de padres
Un proyecto de vida común
Mariela del C. Suárez Higuera o.p.

FAMILIA Y VALORES
—MÓDULO 3—
Escuela de padres
La hora del encuentro
Mariela del C. Suárez Higuera o.p.

FAMILIA Y VALORES
—MÓDULO 4—
Escuela de padres
Papitos, podemos preguntar
Mariela del C. Suárez Higuera o.p.

FIESTA Y NACIÓN EN COLOMBIA
Autor-compilador:
Marcos González Pérez

FIESTA Y REGIÓN EN COLOMBIA
Autor-compilador:
Marcos González Pérez

GESTIÓN DE PROYECTOS EDUCATIVOS.
Luis Facundo Maldonado
Diana Maldonado

HOMBRES Y MUJERES
EN LAS LETRAS COLOMBIANAS
Héctor Ardila - Inés Vizcaíno G.

INTEGRACIÓN ESCOLAR PARA POBLACIÓN
CON NECESIDADES ESPECIALES
Jorge Iván Correa Alzate

INTELIGENCIAS MÚLTIPLES EN LA
EDUCACIÓN DE LA PERSONA
Elena María Ortíz

INVESTIGACIÓN INTERDISCIPLINARIA
Urdimbres y tramas
Compiladores:
Marcos González Pérez
José Eduardo Rueda

JÓVENES CONSTRUYENDO SU PROYECTO
DE VIDA
Inés Pardo Barrios

JUEGO MUSICAL Y APRENDIZAJE
Estimula el desarrollo
y la creatividad
Alix Zorrillo Pallavicino

LA CREATIVIDAD EN LA CIENCIA Y
EN LA EDUCACIÓN
Hugo Cerda Gutiérrez

LA ENSEÑANZA DE LA LECTURA Y LA
ESCRITURA EN COLOMBIA.
Una mirada desde la práctica pedagógica.
Cecilia Rincón Berdugo

LA PREGUNTA EN LA VIDA DE LOS
NIÑOS. Un aporte al desarrollo de la
competencia comunicativa. Campo Elías
Burgos y Mercedes Delgadillo

LA SOLUCIÓN DE CONFLICTOS
EN LA ESCUELA
Una guía práctica para maestros
Salm Randall

LA TERTULIA FAMILIAR
Elemento de comunicación e
integración entre sus miembros
- Talleres para padres-
Blanca Isabel Triana de Riveros,
María Victoria Salcedo de S.

LAS CIENCIAS SOCIALES A
TRAVÉS DEL CINE
Wilson Acosta

LENGUAJES VERBALES Y NO
VERBALES.
Héctor Pérez Grajales

LINEAMIENTOS GENERALES PARA
ORIENTADORES Y FORMADORES EN
EDUCACIÓN AMBIENTAL
Un aporte a la necesidad de educar
ambientalmente
Nohora Inés Pedraza Niño
Amanda Mediba Bocanegra

LOS MEDIOS AUDIOVISUALES
EN EN EL AULA
Víctor Miguel Niño Rojas
Héctor Pérez Grajales

MAPAS CONCEPTUALES, MAPAS
MENTALES Y OTRAS FORMAS
DE REPRESENTACIÓN DEL
CONOCIMIENTO
Agustín Campos Arenas

MANUAL PARA LA FORMACIÓN
DE INVESTIGADORES
Mauricio Castilo Sánchez

MEDIO AMBIENTE Y FORMACIÓN DE PROFESORES.
Heloísa Dupas Penteado

METODOLOGÍA DEL TRABAJO CIENTÍFICO.
Antonio Joaquím Severino

MODELO DIALOGAL
Propuesta pedagógica en Ciencias Sociales
Miguel Ángel Pérez Ordóñez

MODELOS PEDAGÓGICOS
Hacia una pedagogía dialogante
Julián De Zubiría Samper

NEUROPEDAGOGÍA, LÚDICA Y COMPETENCIAS.
Carlos Alberto Jiménez

NUEVAS TENDENCIAS DE LA COMPOSICIÓN ESCRITA
Héctor Pérez Grajales

ORIENTACIONES PEDAGÓGICAS CONTEMPORÁNEAS
Orlando Valera Alfonso

PALABRARIO
Talleres para la producción
de textos escritos
Hugo Niño

PEDAGOGÍA DE LA ESCRITURA CREADORA
Mininicuento, diario,
imagen poética, haikú
Javier Jaramillo Franco
Esperanza Manjarrés

PEDAGOGÍA DE LA PARTICIPACIÓN CIUDADANA
El derecho a elegir y ser elegido.
Nelson A. Romero R. (Q.E.P.D.)

PROCESOS CREATIVOS PARA LA CONSTRUCCIÓN DE TEXTOS
Interpretación y composición
Matilde Frías Navarro

PROYECTOS AMBIENTALES ESCOLARES
Estrategia para la formación ambiental
Isaías Tobasura Acuña
Luz Elena Sepúlveda G.

PRODUCCIÓN DE TEXTOS EDUCATIVOS
María Consuelo Restrepo Mesa

PSICOPEDAGOGÍA PARA UNA ECOLOGÍA DE LA MENTE
Gonzalo Arcila Ramírez

PSICOLOGÍA SOCIAL Y NUEVO LÍDER
Guillermo Rojas Trujillo

RENDIMIENTO ACADÉMICO
Técnicas para estudiar mejor
Elizabeth Borda A., Beatriz Pinzón

SILVERIO Y EL TITIRITERO
Educación sexual dialogada
Juan Adrián Karca

TEORÍA Y PRÁCTICA DE UN TALLER DE POESÍA
La experiencia de La Fragua
Rubén Darío Sierra Montoya

TEORÍAS CONTEMPORÁNEAS DE LA INTELIGENCIA Y LA EXCEPCIONALIDAD.
Julián de Zubiría